Insiderrechtliche Probleme bei der Due Diligence

Europäische Hochschulschriften

European University Studies

Publications Universitaires Européennes

Reihe II	**Rechtswissenschaft**
Series II	Law
Série II	Droit

Band/Volume **5709**

Christian Moritz Schulte

Insiderrechtliche Probleme bei der Due Diligence

PL ACADEMIC RESEARCH

Bibliografische Information der Deutschen Nationalbibliothek
Die Deutsche Nationalbibliothek verzeichnet diese Publikation in der Deutschen
Nationalbibliografie; detaillierte bibliografische Daten sind im Internet über
http://dnb.d-nb.de abrufbar.

Zugl.: Münster (Westfalen), Univ., Diss., 2014

Gedruckt auf alterungsbeständigem,
säurefreiem Papier.

D 6
ISSN 0531-7312
ISBN 978-3-631-65857-4 (Print)
E-ISBN 978-3-653-05091-2 (E-Book)
DOI 10.3726/978-3-653-05091-2

© Peter Lang GmbH
Internationaler Verlag der Wissenschaften
Frankfurt am Main 2015
Alle Rechte vorbehalten.
PL Academic Research ist ein Imprint der Peter Lang GmbH.
Peter Lang – Frankfurt am Main · Bern · Bruxelles · New York · Oxford · Warszawa · Wien

Diese Publikation wurde begutachtet.

www.peterlang.com

Vorwort

Die vorliegende Arbeit wurde von der Rechtswissenschaftlichen Fakultät der Westfälischen Wilhelms-Universität Münster im Sommersemester 2014 als Dissertation angenommen. Literatur und Rechtsprechung konnten bis Januar 2014 berücksichtigt werden.

Mein Dank gebührt zunächst meinem Doktorvater, Herrn Prof. Dr. Matthias Casper, der das Thema der Arbeit angeregt und ihre Fertigstellung in vielfältiger Weise gefördert hat. Herrn Prof. Dr. Ingo Saenger danke ich für die Übernahme und die zügige Erstellung des Zweitgutachtens.

Bei meiner Familie, allen voran bei meinen Eltern, möchte ich mich herzlich für die Unterstützung und den Rückhalt bedanken, ohne den diese Arbeit nicht möglich gewesen wäre.

Ganz besonderer Dank gilt schließlich meiner Freundin Andrea, die mich auch während des Promotionsverfahrens begleitet und unterstützt hat. Ihr ist diese Arbeit gewidmet.

Münster, im November 2014   Moritz Schulte

Inhaltsverzeichnis

Erster Teil: Einleitung

A. Einführung in die Problematik

Käufe und Verkäufe von Unternehmen, Unternehmensteilen und Unternehmensbeteiligungen bilden einen Kernbereich des Wirtschaftslebens. Für den Ablauf derartiger Geschäfte haben sich Standards herausgebildet, die sowohl beim Erwerb deutscher Unternehmen durch ausländische Investoren als auch bei Transaktionen ohne direkten Auslandsbezug zum Tragen kommen. Einer dieser Standards besteht darin, dass sich der Kaufinteressent vor seiner Transaktionsentscheidung darum bemüht, sich ein genaues Bild von den Verhältnissen der Zielgesellschaft zu machen. Dafür bedeutsam sind neben den öffentlich zugänglichen vor allem auch interne Unternehmensinformationen, deren Offenlegung der Kaufinteressent in aller Regel von den Entscheidungsträgern der Zielgesellschaft erbittet. Stehen diese der vom Kaufinteressenten ins Auge gefassten Transaktion positiv gegenüber, so kommen sie der Bitte zumeist nach und ermöglichen dem Kaufinteressenten die Durchführung einer Due Diligence, d.h. einer umfassenden transaktionsvorbereitenden Prüfung der Zielgesellschaft.

Die soeben geschilderte Praxis wirft eine Vielzahl von Rechtsfragen auf. Klärungsbedürftig ist neben kauf- und gesellschaftsrechtlichen Aspekten, mit denen sich die vorliegende Arbeit nicht befasst, insbesondere das Verhältnis der Due Diligence zur Regelung des Insiderhandels im Wertpapierhandelsgesetz (WpHG). Mit dem Begriff „Insiderhandel" bezeichnet man gemeinhin das Ausnutzen nicht öffentlich bekannter Informationen bei Geschäften in öffentlich gehandelten Wertpapieren. Dem Insiderhandel wird überwiegend eine marktschädigende Wirkung beigemessen, da er das Vertrauen der Anleger in die Integrität des Marktes beeinträchtige. Er hat daher auch in Deutschland eine gesetzliche Regelung erfahren, für deren Anwendungsbereich das in § 13 WpHG[1] definierte Merkmal der Insiderinformation entscheidend ist. Der Umgang mit Insiderinformationen unterliegt danach engen Beschränkungen, insbesondere in Gestalt der in § 14 Abs. 1 niedergelegten Insiderverbote. Für die Due Diligence sind diese Verbote deshalb bedeutsam, weil sie wie gesehen gerade darauf angelegt ist, dem an einem Unternehmens- oder Beteiligungskauf Interessierten Informationen zu verschaffen, die nicht öffentlich bekannt sind und die von diesem somit bei Wertpapiergeschäften ausgenutzt werden könnten.

---

1   §§ ohne Gesetzesangabe sind im Folgenden solche des WpHG.

B. Gegenstand und Gang der Untersuchung

Ziel der vorliegenden Abhandlung ist es, die sich im Spannungsfeld von Due Diligence und Insiderverboten ergebenden Fragen zu klären, wobei davon ausgegangen wird, dass es sich bei der Zielgesellschaft um eine börsennotierte Aktiengesellschaft handelt und dass unter den im Zuge der Due Diligence offengelegten Informationen auch Insiderinformationen i.S.v. § 13 sind. Zu diesem Zweck wird im zweiten Teil der Arbeit zunächst die Due Diligence beleuchtet. Der Schwerpunkt liegt dabei auf den Funktionen und dem typischen Ablauf. Anschließend werden der Begriff und die Formen des Insiderhandels erörtert, und es wird dessen rechtliche Erfassung in Deutschland dargestellt. In den folgenden vier Teilen wird sodann untersucht, inwieweit die an einer Due Diligence Beteiligten Gefahr laufen, einen der strafbewehrten Verbotstatbestände des § 14 Abs. 1 zu verwirklichen, und welche Auswirkungen auf die Transaktionspraxis sich daraus jeweils ergeben. So wird im dritten Teil thematisiert, ob es in der Sphäre der Zielgesellschaft bereits im Rahmen der Vorbereitung einer Due Diligence zu Verstößen gegen das insiderrechtliche Weitergabeverbot des § 14 Abs. 1 Nr. 2 kommen kann. Der vierte Teil ist der Informationsoffenlegung durch die Zielgesellschaft gegenüber dem Due Diligence-Team des Kaufinteressenten gewidmet, wobei wiederum § 14 Abs. 1 Nr. 2 den rechtlichen Anknüpfungspunkt bildet. Im fünften Teil werden sodann die insiderrechtlichen Aspekte der Berichterstattung des Due Diligence-Teams an die Entscheidungsträger des Kaufinteressenten analysiert. Neben dem insiderrechtlichen Weitergabeverbot des § 14 Abs. 1 Nr. 2 wird dabei das Empfehlungs- und Verleitungsverbot des § 14 Abs. 1 Nr. 3 in den Blick genommen. Auch der sechste Teil befasst sich mit insiderrechtlichen Problemen in der Sphäre des Kaufinteressenten. So wird dort der Frage nachgegangen, inwieweit es nach Abschluss der Due Diligence zu Verstößen der vertretungsberechtigten Organmitglieder des Kaufinteressenten gegen das Insiderhandelsverbot des § 14 Abs. 1 Nr. 1 kommen kann. Im siebten Teil findet sich schließlich eine Zusammenfassung der wesentlichen Ergebnisse.

Zweiter Teil: Grundlagen

A. Das Instrument der Due Diligence

I. Begriff und Entwicklung der Due Diligence

1. *Herkunft aus den USA*

Das Instrument der Due Diligence ist US-amerikanischen Ursprungs. Rechtlicher Hintergrund ist der im Kaufrecht des *common law* geltende Grundsatz *caveat emptor* („der Käufer möge sich hüten"), der besagt, dass der redliche Verkäufer grundsätzlich nicht für Mängel und Fehler des Kaufgegenstands haftet[2]. Es obliegt dem Käufer, die für ihn erforderlichen Informationen über den Kaufgegenstand zu beschaffen[3] und sich auf der Grundlage dieser Informationen durch vertragliche Gewährleistungsbestimmungen abzusichern[4]. Bei Unternehmens- und Beteiligungskäufen unterzieht der Kaufinteressent die Zielgesellschaft daher wenn möglich einer umfassenden Prüfung, für die sich mit der Zeit die Bezeichnung „Due Diligence" durchgesetzt hat[5].

In etymologischer Hinsicht ist daran bemerkenswert, dass der Begriff „Due Diligence" seinem ursprünglichen Sinne nach keinen besonderen Bezug zur Prüfung eines Unternehmens aufweist. Wie die wörtliche Übersetzung („gebührende Sorgfalt") verdeutlicht, ist damit nämlich zunächst keine Tätigkeit, sondern ein allgemeiner Verhaltensmaßstab im US-amerikanischen Recht gemeint, der in ganz unterschiedlichen Zusammenhängen maßgeblich sein kann[6]. Die Due Diligence in diesem ursprünglichen Sinne ist mithin vergleichbar mit der im Verkehr erforderlichen Sorgfalt des deutschen Rechts[7], also mit dem Kriterium, das in § 276 Abs. 2 BGB zur Definition fahrlässigen Verhaltens herangezogen wird.

---

2 *Picot*, in: Berens/Brauner/Strauch/Knauer, Due Diligence bei Unternehmensakquisitionen, S. 326; *Merkt*, WiB 1996, 145, 146; *Huber*, AcP 202 (2002), 179, 193. Zur Entwicklung dieses Grundsatzes *Fleischer*, Informationsasymmetrie im Vertragsrecht, S. 66 f., 822 f.

3 *Fleischer*, Informationsasymmetrie im Vertragsrecht, S. 940.

4 *Picot*, in: Berens/Brauner/Strauch/Knauer, Due Diligence bei Unternehmensakquisitionen, S. 326; *Merkt*, WiB 1996, 145, 146; *Loges*, DB 1997, 965, 965; *Krüger/Kalbfleisch*, DStR 1999, 174, 174.

5 Eingehend zur Reichweite des Grundsatzes *caveat emptor* beim Unternehmenskauf nach US-amerikanischem Recht *Merkt*, BB 1995, 1041 ff.

6 *Merkt*, WiB 1996, 145, 145 f.; *Krüger/Kalbfleisch*, DStR 1999, 174, 174.

7 *Merkt*, WiB 1996, 145, 145; *Pollanz*, BB 1997, 1351, 1353.

Die Hintergründe der Bedeutungserweiterung des Begriffs „Due Diligence" vom allgemeinen Verhaltensmaßstab hin zur Bezeichnung für eine Unternehmensprüfung lassen sich nicht mehr zweifelsfrei aufklären. Es mag eine Rolle gespielt haben, dass regelmäßig nur eine mit Due Diligence, d.h. mit der gebührenden Sorgfalt, durchgeführte Prüfung der Zielgesellschaft alle für den Kaufinteressenten entscheidungserheblichen Informationen zutage fördern wird[8]. Anknüpfen ließe sich auch daran, dass an der Prüfung in der Praxis Führungskräfte des am Erwerb interessierten Unternehmens und deren Berater beteiligt sind: Die Verpflichtung dieser Personen, im Rahmen ihrer Tätigkeit mit der gebührenden Sorgfalt vorzugehen[9], könnte der Prüfung ihren Namen gegeben haben[10]. Am überzeugendsten ist jedoch die Begründung, die kaufvorbereitende Unternehmensprüfung verdanke ihre Bezeichnung ihrer Ähnlichkeit mit dem Prozedere, das die an einer Wertpapieremission Beteiligten einhalten müssen, um sich gegen eine drohende Prospekthaftung mit der sog. *due diligence defense*[11] verteidigen zu können[12].

2. Etablierung in Deutschland

Bedingt durch die US-amerikanische Dominanz im internationalen Wirtschaftsverkehr, die Universalität der englischen Sprache sowie die Attraktivität der amerikanischen *law schools* für deutsche Juristen hat im deutschen Privat- und Wirtschaftsrecht in den vergangenen Jahrzehnten eine Vielzahl vertragsrechtlicher Instrumente und Begrifflichkeiten US-amerikanischen Ursprungs Fuß gefasst. Von der Amerikanisierung in besonderem Maße betroffen war das Recht des Unternehmenskaufs, da das deutsche Recht nur ganz vereinzelt Vorschriften enthält, die den Verkauf oder die Übertragung eines Unternehmens ausdrücklich regeln, und die US-amerikanischen Einflüsse somit nahezu in ein Vakuum stießen[13].

Bei der Due Diligence handelt es sich um eines der in diesem Zusammenhang übernommenen Instrumente[14]. Ihre große praktische Bedeutung in Deutschland

---

8 In diesem Sinne *Huber*, AcP 202 (2002), 179, 193.
9 Vgl. *Henn/Alexander*, Laws of Corporations and Other Business Enterprises, S. 621 ff.; *Merkt*, US-amerikanisches Gesellschaftsrecht, S. 472 ff.
10 So *Wegen*, WiB 1994, 291, 291; *Loges*, DB 1997, 965, 965.
11 Vgl. dazu etwa *Assmann*, Prospekthaftung, S. 151 ff.
12 In diesem Sinne *Berens/Strauch*, in: Berens/Brauner/Strauch/Knauer, Due Diligence bei Unternehmensakquisitionen, S. 5; vgl. auch *Merkt*, WiB 1996, 145, 146.
13 *Merkt*, FS Sandrock, 657, 658.
14 *Merkt*, FS Sandrock, 657, 666; *Fleischer/Körber*, BB 2001, 841, 841.

lässt sich anhand empirischer Studien belegen: *Marten/Köhler* kamen zu dem Ergebnis, dass bei 95,8 % der von ihnen untersuchten Akquisitionen jedenfalls eine Due Diligence hinsichtlich der finanziellen Verhältnisse der Zielgesellschaft durchgeführt wurde[15]. Eine Untersuchung von *Berens/Strauch* ergab einen Verbreitungsgrad der Due Diligence von 74,1 %[16]. Trotz ihrer großen praktischen Bedeutung wurde die Due Diligence bislang nicht gesetzlich geregelt.

Mit dem Instrument der Due Diligence hat sich auch der entsprechende Begriff in Deutschland eingebürgert. Ähnlich wie einst der Terminus „Controlling" hat sich der Begriff „Due Diligence" jedoch in jüngerer Zeit zu einem Schlagwort des Wirtschaftslebens entwickelt, das nicht einheitlich verwendet wird[17]. Neben der käuferseitigen transaktionsvorbereitenden Durchleuchtung der Zielgesellschaft werden mittlerweile auch *verkäuferseitige* Unternehmensprüfungen und Untersuchungen *nach* Erwerb der Zielgesellschaft als Due Diligences bezeichnet[18]. Ferner dient der Begriff „Due Diligence" teilweise als Sammelbegriff für sämtliche Aufgaben und Arbeiten, die aus rechtlicher Sicht mit der unterschriftsreifen Vorbereitung eines Unternehmenskaufs verbunden sind[19]. Schließlich wird der Begriff auch gänzlich losgelöst vom Unternehmens- und Beteiligungskauf gebraucht: Unternehmensprüfungen im Vorfeld von Börsengängen und Kreditgewährungen werden ebenso als Due Diligences eingeordnet wie kaufvorbereitende Untersuchungen von Immobilien[20].

3. Der Due Diligence-Begriff der vorliegenden Arbeit

Wie soeben erläutert, stellt der Begriff „Due Diligence" in Deutschland ein Schlagwort und keinen Rechtsbegriff im engeren Sinne dar. Der Umstand, dass

---

15 *Marten/Köhler*, FB 1999, 337, 344. Es wurden Fragebögen an 1995 Unternehmen versandt. Die Rücklaufquote betrug mit 377 Exemplaren 18,90 %.

16 *Berens/Strauch*, Due Diligence bei Unternehmensakquisitionen – eine empirische Untersuchung, S. 43. Es wurden Fragebögen an 3926 Unternehmen verschickt. Die Rücklaufquote betrug mit 442 Exemplaren 11,26 %.

17 *Pollanz*, BB 1997, 1351, 1353.

18 Vgl. nur *Nawe/Nagel*, in: Berens/Brauner/Strauch/Knauer, Due Diligence bei Unternehmensakquisitionen, S. 837 ff.; *Berens/Schmitting/Strauch*, in: Berens/Brauner/Strauch/Knauer, Due Diligence bei Unternehmensakquisitionen, S. 80; *Fischer*, FAZ v. 15.6.2005, S. 25; *Spill*, DStR 1999, 1786, 1791 f.

19 Vgl. *Merkt*, BB 1995, 1041, 1041. Gegen ein derartiges Begriffsverständnis *Berens/Strauch*, Due Diligence bei Unternehmensakquisitionen – eine empirische Untersuchung, S. 58.

20 Vgl. etwa *Koch*, Praktiker-Handbuch Due Diligence, S. 21; *Scott*, in: Scott, Due Diligence in der Praxis, S. 15; *Angersbach*, Due Diligence beim Unternehmenskauf, S. 25.

es nach deutschem Recht nicht darauf ankommt, ob ein bestimmter Vorgang als Due Diligence einzuordnen ist oder nicht, macht die Erarbeitung einer allgemeingültigen Definition der Due Diligence aus rechtlicher Sicht an sich überflüssig. Um die Verständlichkeit zu gewährleisten, ist es jedoch erforderlich, klarzustellen, in welchem Sinne der Begriff im Folgenden verwendet wird.

Mit Blick auf den in der Einleitung geschilderten tatsächlichen Anknüpfungspunkt der Arbeit wird vorliegend vom traditionellen Begriffsverständnis ausgegangen. Bei einer Due Diligence handelt es sich danach um eine eingehende, kaufvorbereitende Prüfung der Zielgesellschaft durch den Kaufinteressenten[21]. In Übereinstimmung mit der wohl überwiegenden – aber nur selten ausdrücklich geäußerten – Ansicht im Schrifttum wird des Weiteren davon ausgegangen, dass eine Due Diligence nur dann vorliegt, wenn in die Unternehmensprüfung interne Informationen einfließen, die von der Zielgesellschaft zu diesem Zweck offengelegt worden sind[22]. Eine kaufvorbereitende Unternehmensprüfung, die allein auf der Grundlage allgemein zugänglicher Informationen durchgeführt wird, ist danach keine Due Diligence im Sinne der hier zugrunde gelegten Definition.

II. Funktionen der Due Diligence

Der potentielle Käufer eines Unternehmens oder einer Unternehmensbeteiligung möchte in aller Regel nicht die sprichwörtliche „Katze im Sack" erwerben, sondern ist an einem möglichst umfassenden Einblick in die Verhältnisse der Zielgesellschaft interessiert. Im Zuge einer Due Diligence erlangt er zuvor nicht verfügbare Informationen, die vor allem bei der Bewertung der Zielgesellschaft, bei der Vertragsverhandlung und bei der Finanzierung der geplanten Transaktion von Bedeutung sind.

1. Wertermittlung

Voraussetzung für die verantwortungsvolle Durchführung eines Unternehmensoder Beteiligungskaufs ist die Kenntnis des eigenen Grenzpreises[23]. Der Grenzpreis markiert die Grenze der wirtschaftlichen Vertretbarkeit der geplanten Transaktion

---

21 *Holzapfel/Pöllath*, Unternehmenskauf in Recht und Praxis, S. 13; *Loges*, DB 1997, 965, 965; *Merkt*, WiB 1996, 145, 145.

22 Vgl. *Berens/Brauner*, in: Berens/Brauner/Strauch/Knauer, Due Diligence bei Unternehmensakquisitionen, S. XV f.; *Liekefett*, Due Diligence bei M&A-Transaktionen, S. 29.

23 Vgl. *Müller*, in: Semler/Volhard, Arbeitshandbuch für Unternehmensübernahmen, S. 423.

und darf nicht mit dem Kaufpreis verwechselt werden. Beim Kaufpreis handelt es sich um den Preis, auf den sich die Parteien tatsächlich einigen. Der Grenzpreis ist dagegen der Betrag, den der potentielle Käufer höchstens zahlen darf, damit die Transaktion nicht zu einer Verschlechterung seiner Vermögensposition führt[24]. Diese Preisobergrenze, die der Kaufinteressent dem Verkäufer sinnvollerweise nicht mitteilt, ist das Ergebnis einer Bewertung der Zielgesellschaft nach den individuellen Gegebenheiten[25]. Es geht also in diesem Zusammenhang nicht um die Bestimmung eines objektivierten Unternehmenswerts, sondern darum, den Wert der Zielgesellschaft für einen bestimmten Kaufinteressenten zu ermitteln.

Potentielle Käufer von Unternehmen oder Unternehmensbeteiligungen können die für eine exakte Wertermittlung benötigten Informationen regelmäßig nur durch eine Due Diligence erlangen, da insofern nicht nur die für jedermann verfügbaren Informationen aus Konzern- und Jahresabschlüssen, sondern auch interne Unternehmensinformationen in Rede stehen: Soll durch die ins Auge gefasste Transaktion ein Inhaberwechsel bei der Zielgesellschaft herbeigeführt werden, so ist zu prognostizieren, welche Erträge der zukünftige Inhaber nach der Transaktion erwirtschaften könnte. Dabei ist neben dem Einzelwert der Zielgesellschaft (sog. *stand alone value*) die akquisitionsbedingte Wertsteigerung zu berücksichtigen, die vor allem durch Synergie- und Restrukturierungspotentiale sowie durch Potentiale aufgrund strategischer Handlungsspielräume beeinflusst wird[26]. Diese Potentiale lassen sich nur anhand interner Unternehmensinformationen zuverlässig identifizieren und bewerten. Beabsichtigt der Kaufinteressent keinen Inhaberwechsel, dann setzt eine exakte Wertermittlung Erkenntnisse über die Planungen der Zielgesellschaft und damit wiederum interne Informationen voraus.

2. Vertragsverhandlung

Anders als das US-amerikanische Recht[27] enthält das deutsche Kaufrecht in den §§ 433 ff. BGB Regelungen, die das Risiko der Mangelhaftigkeit des Kaufgegenstandes grundsätzlich dem Verkäufer auferlegen. Diese Gewährleistungsregeln, die ihrem Wortlaut nach nur den Kauf von Sachen betreffen, finden gem. § 453

---

24 *Moxter*, Grundsätze ordnungsmäßiger Unternehmensbewertung, S. 5, 9; *Piltz*, Die Unternehmensbewertung in der Rechtsprechung, S. 9, 13.

25 *Moxter*, Grundsätze ordnungsmäßiger Unternehmensbewertung, S. 24; *Piltz*, Die Unternehmensbewertung in der Rechtsprechung, S. 13.

26 Vgl. *Rockholtz*, in: Berens/Brauner/Strauch/Knauer, Due Diligence bei Unternehmensakquisitionen, S. 209.

27 Vgl. Zweiter Teil, A. I. 1.

Abs. 1 BGB auf den Kauf von Rechten und sonstigen Gegenständen entsprechende Anwendung. Rechte i.S.v. § 453 Abs. 1 BGB sind unter anderem Mitgliedschaftsrechte, namentlich in Gestalt von Gesellschaftsanteilen[28]. Als sonstige Gegenstände sind insbesondere Unternehmen anzusehen[29]. Daher kommen beim Unternehmens- und Beteiligungskauf nach deutschem Recht gesetzliche Gewährleistungsansprüche des Käufers gegen den Verkäufer in Betracht.

Der durch die gesetzlichen Gewährleistungsregelungen vermittelte Schutz des Unternehmens- oder Beteiligungskäufers entspricht hingegen nicht den Bedürfnissen der Praxis[30]. Unbefriedigend sind zunächst die Unsicherheiten bei der Feststellung eines Unternehmensmangels. Liegt ein Unternehmensmangel eindeutig vor, stellt sich die von den Umständen des Einzelfalls abhängige Frage, ob dieser auch dann Gewährleistungsansprüche begründet, wenn nicht die Übertragung des Unternehmens als Gesamtheit von Vermögenswerten (sog. Asset Deal), sondern die Übertragung von Anteilen an dem in Gesellschaftsform organisierten Unternehmensträger (sog. Share Deal) vereinbart wurde[31]. Neben diesen Unklarheiten auf Tatbestandsseite ist schließlich zu berücksichtigen, dass die Rechtsfolgen der gesetzlichen Gewährleistungsregelungen den Besonderheiten des Unternehmenskaufs nur bedingt gerecht werden. Namentlich das Rücktrittsrecht wirft Probleme auf, da es sich bei Unternehmen um zur Rückabwicklung denkbar ungeeignete Gebilde handelt. Das ergibt sich bereits daraus, dass Unternehmen dynamische Kaufgegenstände sind, die schon durch die normale Teilnahme am Marktgeschehen fortwährend Veränderungen erfahren[32].

Im Falle von direkten Verhandlungen zwischen den potentiellen Parteien eines Unternehmens- oder Beteiligungskaufvertrages[33] werden die als unzureichend und wenig sachgerecht empfundenen gesetzlichen Gewährleistungsregelungen üblicherweise durch ein umfassendes vertragliches Gewährleistungsregime

---

28 *Weidenkaff*, in: Palandt, § 453 Rn. 4; *Westermann*, in: MünchKomm-BGB, § 453 Rn. 3.

29 Begr. RegE Schuldrechtsmodernisierungsgesetz, BT-Drucks. 14/6040, S. 242; *Semler*, in: Hölters, Handbuch Unternehmenskauf, S. 777 f.; *Weidenkaff*, in: Palandt, § 453 Rn. 7; *Grunewald*, in: Erman, § 453 Rn. 20.

30 *Holzapfel/Pöllath*, Unternehmenskauf in Recht und Praxis, S. 387; *Picot*, in: Picot, Unternehmenskauf und Restrukturierung, S. 227.

31 Die Frage stellt sich, weil Mängel des Gegenstands, an dem eine Beteiligung besteht, nicht ohne Weiteres auch Mängel der Beteiligung sind. Vgl. *Westermann*, in: MünchKomm-BGB, § 453 Rn. 20.

32 *Larisch*, Gewährleistungshaftung beim Unternehmens- und Beteiligungskauf, S. 21.

33 Direkte Verhandlungen finden bei einem Beteiligungserwerb über die Börse oder im Wege eines öffentlichen Übernahmeangebots nicht statt.

ersetzt. Die Grundlage eines solchen Gewährleistungsregimes bilden Garantien des Verkäufers bezüglich der Verhältnisse der Zielgesellschaft. Der Katalog der Garantien lässt sich als Spiegelbild der Due Diligence begreifen[34]. Denn erst durch eine Due Diligence kann der potentielle Käufer jene Bereiche ermitteln, in denen er vertragliche Garantien verlangen muss[35]. Wird eine Due Diligence nicht durchgeführt, dann besteht praktisch nur die Möglichkeit einer generalklauselartigen Regelung der Gewährleistung, auf die sich der Verkäufer allerdings nur bei einer starken Verhandlungsposition des Käufers einlassen wird.

Neben ihrem Einfluss auf vertragliche Gewährleistungsregelungen ist die Bedeutung der im Wege einer Due Diligence gewonnenen Erkenntnisse bei Kaufpreisverhandlungen herauszustellen. Erkenntnisse, die den Grenzpreis des Kaufinteressenten erhöhen, teilt dieser dem potentiellen Verkäufer zweckmäßigerweise nicht mit. Der Kaufinteressent hat schließlich kein Interesse daran, die Kaufpreisvorstellung seines Verhandlungsgegners zu untermauern. Grenzpreissenkende Erkenntnisse werden dagegen in die Verhandlungen eingeführt, um die Preisvorstellung der Gegenseite in Frage zu stellen und die eigene durchzusetzen[36].

3. Finanzierung

Der an einem Unternehmens- oder Beteiligungskauf Interessierte strebt in der Regel an, einen Großteil des Kaufpreises mit Krediten, also mit Fremdkapital, zu finanzieren. Hintergrund dieser Zielsetzung ist einerseits die gemeinhin als Leverage-Effekt bezeichnete Hebelwirkung des Fremdkapitals auf die Eigenkapitalrendite: Wenn die Gesamtkapitalrendite über dem Fremdkapitalzins liegt, erhöht sich die Rendite des eingesetzten Eigenkapitals bei steigender Verschuldung[37]. Andererseits bietet eine Finanzierung mit Fremdkapital steuerliche Vorteile, soweit die Fremdkapitalzinsen als Betriebsausgaben abzugsfähig sind[38].

---

34 *Picot*, in: Picot, Unternehmenskauf und Restrukturierung, S. 230.
35 *Merkt*, WiB 1996, 145, 147; *Kiethe*, NZG 1999, 976, 977; *Krüger/Kalbfleisch*, DStR 1999, 174, 175; *Treeck*, FS Fikentscher, 434, 436. Vgl. auch *Körber*, NZG 2002, 263, 264; *Huber*, AcP 202 (2002), 179, 204.
36 Vgl. *Dietzel*, in: Semler/Volhard, Arbeitshandbuch für Unternehmensübernahmen, S. 351; *Barthel*, DStZ 1999, 73, 73; *Schroeder*, DB 1997, 2161, 2161. Siehe auch *Berens/Strauch*, Due Diligence bei Unternehmensakquisitionen – eine empirische Untersuchung, S. 90, die bei 67,4 % der Akquisitionen eine Verringerung des Kaufpreises nach bzw. aufgrund der Due Diligence feststellten.
37 Vgl. nur *Süchting*, Finanzmanagement, S. 446.
38 Vgl. *Holzapfel/Pöllath*, Unternehmenskauf in Recht und Praxis, S. 338 ff.

Kredite werden von Banken nur dann vergeben, wenn eine hohe Wahrscheinlichkeit besteht, dass sie ihr Geld zurückbekommen. Eine hohe Rückzahlungswahrscheinlichkeit ist gegeben, wenn dem Kreditnehmer die Bedienung des Kredits (Tilgung und Zinszahlung) voraussichtlich möglich sein wird und er werthaltige Sicherheiten für den Fall der Zahlungsunfähigkeit anbietet. Ob diese Anforderungen erfüllt sind, ermittelt die Bank im Wege eines standardisierten Verfahrens, der sog. Kreditwürdigkeitsprüfung[39]. Für die Kreditwürdigkeitsprüfung ist eine Vielzahl von Informationen erforderlich, deren Bereitstellung im Wesentlichen Sache des Kreditnehmers ist.

Bei Krediten, die auf die Finanzierung eines Unternehmens- oder Beteiligungskaufs zugeschnitten sind, kann der Kreditnehmer das Informationsbedürfnis der Bank praktisch nur dann befriedigen, wenn er eine Due Diligence durchführt. Das ergibt sich daraus, dass die Bank in einem solchen Fall nicht nur detaillierte Informationen über den Kreditnehmer selbst, sondern auch über die Verhältnisse der Zielgesellschaft benötigt. Typischerweise ist nämlich beabsichtigt, den Kredit mit den Erträgen der Zielgesellschaft zu bedienen und die Vermögensgüter bzw. Gesellschaftsanteile der Zielgesellschaft als Sicherheiten einzusetzen. Ob die Erträge jedoch zur Kredittilgung und Zinszahlung ausreichen werden und die Vermögensgüter oder Gesellschaftsanteile werthaltige Sicherheiten darstellen, kann die Bank nur anhand interner Informationen über die Zielgesellschaft beurteilen.

III. Ablauf der Due Diligence

Due Diligences stellen komplexe Vorgänge dar und erstrecken sich oftmals über einen Zeitraum von mehreren Wochen oder Monaten. Dabei können vier Phasen unterschieden werden, die sich – wie auch die darin enthaltenen Einzelschritte – in der Praxis oftmals überschneiden. Wie bereits in der Einleitung angedeutet, ergeben sich in allen vier Phasen insiderrechtliche Fragen. Um dies zu veranschaulichen und damit gleichzeitig den Sachverhalt für die rechtliche Prüfung festzulegen, werden die vier Phasen im Folgenden überblicksartig dargestellt.

1. Vorbereitung

Ausgangspunkt einer jeden Due Diligence ist eine Einigung über deren Durchführung zwischen Kaufinteressent und Zielgesellschaft. Daran anschließend

---

39 Eine gesetzliche Verpflichtung zur Durchführung einer Kreditwürdigkeitsprüfung besteht gem. § 18 Abs. 1 Satz 1 KWG bei Krediten von mehr als 750.000 Euro oder 10 % des anrechenbaren Eigenkapitals der Bank.

entscheidet der Kaufinteressent über die sachliche Ausrichtung der Due Diligence, d.h. er legt die Bereiche der Zielgesellschaft fest, die er zu prüfen gedenkt. Im Mittelpunkt stehen insofern regelmäßig die finanziellen, steuerlichen und rechtlichen Verhältnisse der Zielgesellschaft (Financial, Tax & Legal Due Diligence)[40]. Weitere typische Untersuchungsfelder sind die Bereiche Strategie und Markt (Strategy & Market Due Diligence), Management und Personal (Human Resources Due Diligence) sowie Organisation (Organizational Due Diligence). Je nach Branche der Zielgesellschaft kann für den Kaufinteressenten schließlich auch die Überprüfung der technischen Gegebenheiten (Technical Due Diligence) und der Umweltauswirkungen (Environmental Due Diligence) von entscheidender Bedeutung sein[41].

Unter Berücksichtigung der sachlichen Ausrichtung der Prüfung stellt der Kaufinteressent sodann ein Prüfungsteam (sog. Due Diligence-Team) zusammen. Die Leitung des Teams wird typischerweise eigenen Führungskräften und Mitarbeitern übertragen[42]. In Bereichen, in denen das eigene Know-how nicht ausreicht, wird auf die Erfahrung und Sachkenntnis externer Berater und Gutachter zurückgegriffen. Üblich ist insbesondere die Hinzuziehung von Wirtschaftsprüfern, Steuerberatern und Rechtsanwälten[43].

Das Due Diligence-Team erarbeitet in der Folge eine Liste der benötigten Informationen und lässt diese Liste der Zielgesellschaft zukommen. Von der Zielgesellschaft wird daraufhin die Offenlegung der Informationen vorbereitet. Dabei ist zwischen verschiedenen Informationsquellen zu unterscheiden. Wichtigste Informationsquelle im Rahmen einer Due Diligence sind die Unterlagen der Zielgesellschaft, also etwa Steuererklärungen und -bescheide, öffentlich-rechtliche Genehmigungen und Auflagen, Patente, Kreditverträge, Arbeitsverträge sowie Verträge mit Kunden und Lieferanten. Die Unterlagen werden zusammengetragen und zumeist in einem eigens zu diesem Zweck eingerichteten Raum oder einer über das Internet erreichbaren Datenbank zur Einsichtnahme bereitgestellt. Des Weiteren werden einzelne Mitarbeiter als Ansprechpartner für das Due Diligence-Team bestimmt.

---

40 Vgl. *Körber*, NZG 2002, 263, 264. Aus empirischer Sicht *Berens/Strauch*, Due Diligence bei Unternehmensakquisitionen – eine empirische Untersuchung, S. 62 ff.; *Marten/Köhler*, FB 1999, 337, 342 ff.

41 Vgl. *Berens/Strauch*, in: Berens/Brauner/Strauch/Knauer, Due Diligence bei Unternehmensakquisitionen, S. 12; *Koch*, Praktiker-Handbuch Due Diligence, S. 63 ff.

42 Vgl. *Berens/Hoffjan/Strauch*, in: Berens/Brauner/Strauch/Knauer, Due Diligence bei Unternehmensakquisitionen, S. 118.

43 *Körber*, NZG 2002, 263, 264; *Spill*, DStR 1999, 1786, 1788; *Krüger/Kalbfleisch*, DStR 1999, 174, 175 f.

2. Informationsoffenlegung

Wurde zur Bereitstellung der Unterlagen ein spezieller Raum (sog. Data Room) eingerichtet, so werden die in den Unterlagen enthaltenen Informationen dadurch offengelegt, dass dem Due Diligence-Team Zugang zu dem betreffenden Raum gewährt wird. Die Modalitäten der Zugangsgewährung werden von der Zielgesellschaft festgelegt. Üblicherweise ist der Zugang nur einem genau bestimmten und zur Vertraulichkeit verpflichteten Personenkreis zu bestimmten Zeiten gestattet. Das Kopieren der Unterlagen wird oftmals untersagt.

Datenbanken mit Unternehmensinformationen im Internet (sog. Digital Data Rooms) werden durch Weitergabe der entsprechenden Passwörter zugänglich gemacht. Bei einer Due Diligence ohne (Digital) Data Room werden dem Due Diligence-Team die Unterlagen als Papierkopie oder als Dateien auf einem Datenträger übersandt. Neben die Offenlegung von Unterlagen tritt regelmäßig die Informationsweitergabe im Rahmen von Mitarbeitergesprächen und Betriebsbesichtigungen.

3. Auswertung und Berichterstattung

Die offengelegten Informationen werden vom Due Diligence-Team gesichtet und im Hinblick auf die zuvor festgelegten Prüfungsfelder ausgewertet. Als Hilfsmittel dienen dabei standardisierte oder individuell angefertigte Checklisten, in denen die Prüfungsobjekte und die vorzunehmenden Prüfungshandlungen aufgeführt sind[44]. Der Fortgang der Auswertung und die Ergebnisse einzelner Teilprüfungen werden von den Mitgliedern des Due Diligence-Teams in Teilberichten dokumentiert. Diese Berichte werden der Teamleitung und den Entscheidungsträgern des Kaufinteressenten zugeleitet, damit Richtung und Intensität der Prüfung jeweils den neuesten Erkenntnissen angepasst werden können[45].

Nach Beendigung der Auswertung erstellt das Due Diligence-Team einen Abschlussbericht (sog. Due Diligence-Report) für den Kaufinteressenten. Der Abschlussbericht stellt die Vorgehensweise des Teams nachvollziehbar dar und fasst die Basisdaten und Ermittlungen der Teammitglieder zusammen. Darüber

---

44 Vgl. die Muster für Due Diligence Checklisten bei *Müller-Michaels u.a.*, in: Hölters, Handbuch Unternehmenskauf, S. 1541 ff.; *Holzapfel/Pöllath*, Unternehmenskauf in Recht und Praxis, S. 390 ff.; *Wegen*, WiB 1994, 291 (292 ff.).
45 Vgl. *Berens/Hoffjan/Strauch*, in: Berens/Brauner/Strauch/Knauer, Due Diligence bei Unternehmensakquisitionen, S. 140 f.

hinaus enthält er Vorschläge zum weiteren Vorgehen. Wichtige Dokumente werden ihm als Anlage beigefügt[46].

4. Transaktionsverhalten

Wie im Abschnitt über die Funktionen der Due Diligence erläutert, nutzt der Kaufinteressent die gewonnenen Informationen und Erkenntnisse bei der Bewertung der Zielgesellschaft, bei der Vertragsverhandlung und bei der Finanzierung. Erst auf der Grundlage der insofern erzielten Ergebnisse trifft er regelmäßig seine Transaktionsentscheidung und setzt diese anschließend um. Es kann zu einem der ursprünglichen Planung entsprechenden oder einem davon abweichenden Transaktionsverhalten kommen.

Abweichungen kommen zunächst im Hinblick auf den Umfang der Transaktion in Betracht. So kann eine Due Diligence dazu führen, dass mehr bzw. weniger Anteile der Zielgesellschaft erworben werden als ursprünglich geplant. Es ist auch möglich, dass der Kaufinteressent von der geplanten Transaktion vollumfänglich Abstand nimmt. Dies geschieht, wenn bei der Prüfung Umstände zutage getreten sind, die einen Unternehmens- oder Beteiligungskauf in Gänze als nicht sinnvoll erscheinen lassen (sog. Deal Breaker). Als Beispiel für einen typischen Deal Breaker kann eine zuvor nicht bekannte Altlastenproblematik bei der Zielgesellschaft genannt werden.

Darüber hinaus können sich aufgrund der Due Diligence bisher nicht vorgesehene Vertragsklauseln (z.B. zusätzliche Garantien), ein im Vergleich zu den Planungen des Kaufinteressenten veränderter Kaufpreis oder ein abweichender Transaktionszeitpunkt ergeben.

B. Der Insiderhandel und seine rechtliche Erfassung

I. Begriff und Formen des Insiderhandels

Als Insiderhandel[47] bezeichnet man das Ausnutzen kursrelevanter, nicht öffentlich bekannter Informationen bei Geschäften in öffentlich gehandelten Wertpapieren[48]. Dieses Phänomen, das höchstwahrscheinlich so alt ist wie die

---

46 Vgl. *Berens/Hoffjan/Strauch*, in: Berens/Brauner/Strauch/Knauer, Due Diligence bei Unternehmensakquisitionen, S. 141; *Huber*, AcP 202 (2002), 179, 194 f.; *Harrer*, DStR 1993, 1673, 1675.

47 Im englischen Sprachgebrauch „*insider trading*“ oder „*insider dealing*“.

48 Vgl. etwa *Dingeldey*, Insider-Handel und Strafrecht, S. 1; *Mennicke*, Sanktionen gegen Insiderhandel, S. 40; *Merkt*, US-amerikanisches Gesellschaftsrecht, S. 541;

organisierten Wertpapiermärkte[49], betrifft sowohl positive als auch negative Informationen. Die beiden insofern zu unterscheidenden Ausprägungen des Insiderhandels werden nachfolgend kurz skizziert. Zur Veranschaulichung und zur Sensibilisierung im Hinblick auf die spätere Beurteilung der Due Diligence wird zudem jeweils ein typisches Beispiel angeführt.

1. Ausnutzung positiver Informationen

Die Kenntnis von nicht öffentlich bekannten Informationen, die auf eine positive Entwicklung des Börsenkurses eines Wertpapiers im Falle ihres Bekanntwerdens schließen lassen, ermöglicht einen Erwerb der betreffenden Papiere zu einem Preis, der unter ihrem wahren Wert liegt. Durch Veräußerung der Papiere nach Bekanntwerden der Informationen kann sodann ein persönlicher Gewinn realisiert werden.

Als Beispiel für diese Form des Insiderhandels eignet sich der international wohl bekannteste Insiderfall, der sich 1963/64 zugetragen hat: Die US-amerikanische Texas Gulf Sulphur Company (TGS), eine Minengesellschaft, führte im November 1963 eine Explorationsbohrung an einer mutmaßlichen Erzlagerstätte in der Nähe von Timmins (Kanada) durch[50]. Da die ersten Ergebnisse vielversprechend ausfielen, beschloss TGS, das umliegende Land aufzukaufen, und hielt alle Eingeweihten zur Geheimhaltung der Explorationsergebnisse an, um ein sprunghaftes Ansteigen der Grundstückspreise zu vermeiden. Nach dem Erwerb der betroffenen Grundstücke erfolgten im Frühjahr 1964 weitere erfolgreiche Probebohrungen, in deren Folge in Kanada Gerüchte über erhebliche Erzfunde der TGS kursierten. Als die New York Herald Tribune und die New York Times die Gerüchte aufgriffen, dementierte TGS zunächst. Wenige Tage später jedoch bestätigte das Unternehmen in einer Pressekonferenz die Entdeckung einer außerordentlich ergiebigen Erzlagerstätte. Mehrere eingeweihte TGS-Mitarbeiter und von ihnen informierte Personen hatten im Anschluss an die jeweils erfolgreichen Bohrungen und selbst noch in den Minuten unmittelbar nach der Pressekonferenz TGS-Aktien und Optionen in erheblichem Umfang erworben. Der

---

Haouache, Börsenaufsicht durch Strafrecht, S. 25 f.; *Peters*, Das deutsche Insiderstrafrecht, S. 3.

49 Ähnlich *Assmann*, AG 1994, 196, 197; *Haßlinger*, Zivilrechtliche Ansprüche gegen Insider, S. 1.

50 Zum Sachverhalt siehe *S.E.C. v. Texas Gulf Sulphur Co.*, 401 F. 2d 833 (2d Cir. 1968), S. 843 ff. sowie die Darstellungen bei *Hopt/Will*, Europäisches Insiderrecht, S. 6 ff.; *Voss*, Das US-amerikanische Insiderkonzept, S. 11 f.; *Horn*, ZHR 136 (1972), 369, 371 f.

kontinuierliche Kursanstieg der TGS-Aktien nach Bekanntwerden der Funde begründete für diesen Erwerberkreis ein enormes Gewinnpotential.

2. Ausnutzung negativer Informationen

Die Kenntnis von öffentlich nicht bekannten Informationen, die auf eine negative Kursentwicklung hindeuten, ermöglicht eine frühzeitige Veräußerung der betroffenen Wertpapiere zu einem überhöhten Kurs und damit die Abwälzung eines vorhersehbaren Verlustes auf unwissende Dritte.

Auch zur Verdeutlichung dieser Form des Insiderhandels bietet sich ein klassischer Fall aus dem US-amerikanischen Rechtskreis an: Das New Yorker Brokerhaus Merrill Lynch, Pierce, Fenner & Smith (Merrill Lynch) betreute im Jahre 1966 die Emission von Schuldverschreibungen der Douglas Aircraft Company (Douglas) und erlangte im Rahmen dieser Tätigkeit die interne Information, dass der Unternehmensgewinn von Douglas erheblich unterhalb vorheriger Schätzungen liegen würde[51]. Diese Information gab Merrill Lynch an einige ausgewählte Kunden (institutionelle Anleger) weiter, die daraufhin ihre überbewerteten Douglas-Aktien abstießen. Nach Bekanntwerden der nach unten korrigierten Gewinnerwartung fiel der Aktienkurs von Douglas stark.

II. Die Regelung des Insiderhandels im Wertpapierhandelsgesetz

Wie in den meisten Staaten mit einem entwickelten Kapitalmarkt ist der Insiderhandel auch in der Bundesrepublik Deutschland gesetzlich geregelt. Hauptrechtsquelle des deutschen Insiderrechts ist das als Art. 1 des Zweiten Finanzmarktförderungsgesetzes[52] erlassene und am 1. Januar 1995 vollständig in Kraft getretene WpHG[53].

---

51 Zum Sachverhalt siehe *Shapiro v. Merrill Lynch, Pierce, Fenner & Smith Inc.*, 495 F. 2d 228 (2d Cir. 1974), S. 231 ff.

52 Gesetz über den Wertpapierhandel und zur Änderung börsenrechtlicher und wertpapierrechtlicher Vorschriften (Zweites Finanzmarktförderungsgesetz) v. 26.7.1994 (BGBl. I S. 1749).

53 Die neben dem WpHG grundsätzlich anwendbaren allgemeinen zivil- und strafrechtlichen Vorschriften erfassen den Insiderhandel nur sehr lückenhaft. Ausführlich dazu *Jenckel*, Das Insiderproblem, S. 29 ff.; *Dingeldey*, Insider-Handel und Strafrecht, S. 7 ff.; *Bruns*, Der Wertpapierhandel von Insidern als Regelungsproblem, S. 10 ff.; *Schwark*, DB 1971, 1605, 1606 f.; *Ulsenheimer*, NJW 1975, 1999, 2000 ff.; *Stebut*, DB 1974, 613 ff.

1. Historische Entwicklung

Gesetzgeberische Überlegungen, den Insiderhandel in Deutschland einer ausdrücklichen Regelung zu unterwerfen, gab es erstmals Ende der sechziger Jahre des vergangenen Jahrhunderts[54]. Damals ließ das Bundeswirtschaftsministerium im Zuge seiner Vorbereitungen zur Novellierung des Börsengesetzes verlauten, dass auf eine gesetzliche Regelung des Insiderhandels nur unter der Voraussetzung einer Selbstregulierung der am Wertpapierhandel beteiligten Kreise verzichtet werden könne[55]. Dieser Hinweis wurde von der seinerzeit beim Bundeswirtschaftsministerium angesiedelten und durch Vertreter der Börsen und der Banken dominierten Börsensachverständigenkommission aufgegriffen: Am 13. November 1970 verabschiedete sie die „Empfehlungen zur Lösung der sog. Insider-Probleme"[56], welche als Kernstücke die Insiderhandels-Richtlinien (IHR) und die Händler- und Beraterregeln (HBR) enthielten. Das Bundeswirtschaftsministerium stimmte den von der Kommission verabschiedeten „Empfehlungen" zwar grundsätzlich zu, behielt sich jedoch vor, im Falle der Ineffektivität der Selbstregulierungsbemühungen eine gesetzliche Regelung auf den Weg zu bringen[57].

In der Folgezeit wurde die Effektivität der IHR, der HBR und der zur Durchführung dieser Regelwerke geschaffenen Verfahrensordnung[58] wiederholt angezweifelt bzw. bestritten[59]. Die Kritik führte jedoch vorerst nicht zu gesetzgeberischen Maßnahmen, sondern lediglich zu einer ersten Novellierung der Insider-Regeln

---

54 *Assmann*, AG 1994, 196, 197.
55 *Bremer*, Die Börsensachverständigenkommission, S. 25.
56 Abgedruckt etwa bei *Hopt/Will*, Europäisches Insiderrecht, S. M-100 ff.
57 *Bremer*, Die Börsensachverständigenkommission, S. 26.
58 Abgedruckt etwa bei *Hopt/Will*, Europäisches Insiderrecht, S. M-105 ff. Die Verfahrensordnung wurde von den Spitzenverbänden der deutschen Wirtschaft und der Arbeitsgemeinschaft der deutschen Wertpapierbörsen erarbeitet. IHR, HBR und Verfahrensordnung werden im Folgenden – in Übereinstimmung mit dem gängigen Sprachgebrauch – mit dem Begriff Insider-Regeln zusammengefasst.
59 Vgl. nur *Hopt/Will*, Europäisches Insiderrecht, S. 114 ff.; *Hopt*, Kapitalanlegerschutz, S. 160; *Bruns*, Der Wertpapierhandel von Insidern als Regelungsproblem, S. 168 ff.; *Mertens*, ZHR 138 (1974), 269, 269; *Leistner*, ZRP 1973, 201, 203 ff.; *Böhner*, WP 1972, 233 ff.; *Horn*, ZHR 136 (1972), 369, 380 ff.

im Jahre 1976[60]. Nachdem es im Juni 1988 unter dem Eindruck abermaliger Beanstandungen[61] zu einer zweiten Novellierung gekommen war[62], wurden die Insider-Regeln mit der Verabschiedung des Zweiten Finanzmarktförderungsgesetzes am 26. Juli 1994 durch die insiderrechtlichen Vorschriften des WpHG abgelöst. Ausschlaggebend für den Erlass dieser Vorschriften und die damit einhergehende Abkehr vom Ansatz der Selbstregulierung waren Entwicklungen auf der Ebene des Europarechts: Die am 13. November 1989 nach langer Vorarbeit verabschiedete Insiderrichtlinie[63] zwang den deutschen Gesetzgeber zur gesetzlichen Regelung des Insiderhandels.

An die Stelle der Insiderrichtlinie ist am 12. April 2003 die Marktmissbrauchsrichtlinie[64] getreten[65]. Die Vorgaben der Marktmissbrauchsrichtlinie und der zu ihr ergangenen Durchführungsrichtlinien[66] machten beträchtliche Änderungen

---

60 Die novellierte Fassung ist abgedruckt bei *Schwark*, Börsengesetz, Anhang II, S. 481 ff.

61 Vgl. Arbeitskreis Gesellschaftsrecht, Verbot des Insiderhandelns, S. 17 ff.; *Samm*, Börsenrecht, S. 151 ff.; *Wojtek*, Insider Trading im deutschen und amerikanischen Recht, S. 36; *Jenckel*, Das Insiderproblem, S. 49 f.; *Dingeldey*, Insider-Handel und Strafrecht, S. 45; *Weinmann*, FS Pfeiffer, 87, 97.

62 Die Insider-Regeln in der Fassung von Juni 1988 sind abgedruckt in WM 1988, 1105, 1106 ff.; ZIP 1988, 873, 874 ff.

63 Richtlinie 89/592/EWG des Rates vom 13. November 1989 zur Koordinierung der Vorschriften betreffend Insider-Geschäfte, ABl. EG Nr. L 334 v. 18.11.1989, S. 30 ff. Zur Entstehungsgeschichte vgl. *Hopt*, ZGR 1991, 17, 19 ff.

64 Richtlinie 2003/6/EG des Europäischen Parlaments und des Rates vom 28. Januar 2003 über Insider-Geschäfte und Marktmanipulation (Marktmissbrauch), ABl. EU Nr. L 96 v. 12.4.2003, S. 16 ff.

65 Vgl. Art. 20, 21 der Marktmissbrauchsrichtlinie.

66 Richtlinie 2003/124/EG der Kommission vom 22. Dezember 2003 zur Durchführung der Richtlinie 2003/6/EG des Europäischen Parlaments und des Rates betreffend die Begriffsbestimmung und die Veröffentlichung von Insider-Informationen und die Begriffsbestimmung der Marktmanipulation, ABl. EU Nr. L 339 v. 24.12.2003, S. 70 ff.; Richtlinie 2003/125/EG der Kommission vom 22. Dezember 2003 zur Durchführung der Richtlinie 2003/6/EG des Europäischen Parlaments und des Rates in Bezug auf die sachgerechte Darbietung von Anlageempfehlungen und die Offenlegung von Interessenkonflikten, ABl. EU Nr. L 339 v. 24.12.2003, S. 73 ff.; Richtlinie 2004/72/EG der Kommission vom 29. April 2004 zur Durchführung der Richtlinie 2003/6/EG des Europäischen Parlaments und des Rates – Zulässige Marktpraktiken, Definition von Insider-Informationen in Bezug auf Warenderivate, Erstellung von Insider-Verzeichnissen, Meldung von Eigengeschäften und Meldung verdächtiger Transaktionen [...], ABl. EU Nr. L 162 v. 30.4.2004, S. 70 ff.

im Insiderrecht des WpHG erforderlich, die durch das Anlegerschutzverbesserungsgesetz (AnSVG)[67] vorgenommen wurden[68].

2. Die Regelung im Überblick

Das Kernstück des deutschen Insiderrechts bilden die in § 14 Abs. 1 Nr. 1 bis 3 niedergelegten Verbotstatbestände. § 14 Abs. 1 Nr. 1 enthält das eigentliche Insiderhandelsverbot und untersagt den Erwerb und die Veräußerung von Insiderpapieren unter Verwendung einer Insiderinformation. Dieses Verbot, das beide tatsächlich auftretenden Formen des Insiderhandels[69] erfasst, wird in § 14 Abs. 1 Nr. 2 und 3 durch Bestimmungen ergänzt, die auf die Unterbindung typischer Vorbereitungs- und Umgehungshandlungen abzielen: Nach § 14 Abs. 1 Nr. 2 ist es verboten, einem anderen eine Insiderinformation unbefugt mitzuteilen oder zugänglich zu machen; § 14 Abs. 1 Nr. 3 verbietet es, einem anderen auf der Grundlage einer Insiderinformation den Erwerb oder die Veräußerung von Insiderpapieren zu empfehlen oder einen anderen auf sonstige Weise dazu zu verleiten.

Bei Verstößen gegen die genannten Insiderverbote drohen Freiheits- und Geldstrafen sowie Bußgelder nach Maßgabe der §§ 38, 39. Die Einhaltung der Insiderverbote wird gem. § 4 Abs. 2 Satz 1 durch die Bundesanstalt für Finanzdienstleistungsaufsicht (BaFin)[70] überwacht.

3. Regelungszweck

Durch die Insiderverbote soll die Funktionsfähigkeit der Wertpapiermärkte geschützt werden[71]. Dem liegt die Überlegung zugrunde, dass Insidergeschäfte

---

67 Gesetz zur Verbesserung des Anlegerschutzes (Anlegerschutzverbesserungsgesetz – AnSVG) v. 28.10.2004 (BGBl. I S. 2630).

68 Eingehend dazu *Diekmann/Sustmann*, NZG 2004, 929, 930 ff.; *Kuthe*, ZIP 2004, 883, 884 ff.; *Spindler*, NJW 2004, 3449, 3450 ff.; *Bürgers*, BKR 2004, 424 ff.

69 Vgl. Zweiter Teil, B. I.

70 Die BaFin – eine rechtsfähige, bundesunmittelbare Anstalt des öffentlichen Rechts im Geschäftsbereich des Bundesministeriums der Finanzen – wurde durch das Gesetz über die Bundesanstalt für Finanzdienstleistungsaufsicht (Finanzdienstleistungsaufsichtsgesetz – FinDAG) v. 22.4.2002 (BGBl. I S. 1310) mit Wirkung zum 01.05.2002 errichtet. Unter ihrem Dach wurden die Aufgaben der zuvor eigenständigen Bundesaufsichtsämter für das Kreditwesen (BAKred), das Versicherungswesen (BAV) und den Wertpapierhandel (BAWe) zusammengeführt. Ausführlich zur BaFin *Hagemeister*, WM 2002, 1773 ff.

71 Begr. RegE AnSVG, BT-Drucks. 15/3174, S. 40; Begr. RegE 2. FFG, BT-Drucks. 12/6679, S. 45; Beschlussempfehlung und Bericht des Finanzausschusses, BT-Drucks. 12/7918, S. 102.

von den Anlegern als Verstoß gegen den Grundsatz der Chancengleichheit der Investoren am Markt angesehen werden und mithin geeignet sind, das für die Funktionsfähigkeit der Wertpapiermärkte essentielle Vertrauen der Anleger in die Marktintegrität zu erschüttern[72]. Insofern hat sich durch das AnSVG keine Änderung ergeben. Ferner deckt sich der Zweck der deutschen Insiderverbote mit der Schutzrichtung der Marktmissbrauchsrichtlinie. So wird in deren Erwägungsgrund 12 ausgeführt, dass Vorschriften zur Bekämpfung von Insidergeschäften das Ziel hätten, die Integrität der Finanzmärkte der Gemeinschaft sicherzustellen und das Vertrauen der Anleger in diese Märkte zu stärken. Da der objektive Tatbestand der §§ 38 Abs. 1, 39 Abs. 2 Nr. 3 und 4, 14 Abs. 1 Nr. 1 bis 3 weder eine Verletzung noch eine konkrete Gefährdung der Funktionsfähigkeit der Wertpapiermärkte oder des Anlegervertrauens voraussetzt, handelt es sich bei den Insiderverboten aus strafrechtlicher Sicht um abstrakte Gefährdungsdelikte[73]. Gerade dieser Befund wird im Rahmen der insiderrechtlichen Beurteilung der Due Diligence noch an mehreren Stellen zum Tragen kommen.

Hinsichtlich ihres Regelungszwecks sind die Insiderverbote des § 14 Abs. 1 im Zusammenhang mit der gleichermaßen an den Begriff der Insiderinformation anknüpfenden Ad-hoc-Publizitätspflicht gem. § 15 zu sehen. Denn die Pflicht zur Ad-hoc-Publizität dient ebenfalls der Einschränkung des Insiderhandels und damit wiederum der Funktionsfähigkeit der Wertpapiermärkte. So soll durch die schnellstmögliche und angemessene öffentliche Bekanntgabe von Insiderinformationen der Kreis der potentiellen Insider möglichst klein und der Zeitraum für Insidergeschäfte möglichst kurz gehalten werden[74]. Eine besondere Nähe besteht insofern zwischen der Ad-hoc-Publizitätspflicht einerseits und dem Weitergabeverbot des § 14 Abs. 1 Nr. 2 andererseits. Denn in diesen beiden Regelungen kommt der – namentlich für die Beurteilung der Due Diligence bedeutsame – Grundsatz zum Ausdruck, dass Insiderinformationen nicht selektiv weitergegeben werden dürfen, sondern allen Anlegern zugänglich zu machen sind.

---

72 Begr. RegE 2. FFG, BT-Drucks. 12/6679, S. 33; *Caspari*, ZGR 1994, 530.

73 Ebenso *Vogel*, in: Assmann/Schneider, WpHG, vor § 38 Rn. 19; *Altenhain*, in: Köln-Komm-WpHG, § 38 Rn. 34; *Mennicke*, in: Fuchs, WpHG, vor § 12 Rn. 135; *Waßmer*, in: Fuchs, WpHG, § 38 Rn. 5; *Hilgendorf*, in: Park, Kapitalmarktstrafrecht, S. 346; *Sethe*, ZBB 2006, 243, 245 f. Zur Definition der abstrakten Gefährdungsdelikte vgl. etwa *Jescheck/Weigend*, Strafrecht-AT, S. 264 f.

74 Begr. RegE AnSVG, BT-Drucks. 15/3174, S. 34 f.

Dritter Teil: Vorbereitung einer Due Diligence und § 14 Abs. 1 Nr. 2

Eine Untersuchung der Bedeutung der Insiderverbote des § 14 Abs. 1 für die Durchführung einer Due Diligence hat bei der Vorbereitung der Due Diligence anzusetzen. Die insiderrechtliche Relevanz der Vorbereitungsphase ergibt sich zunächst daraus, dass es bereits im Zuge der Zusammenstellung der für den Kaufinteressenten bestimmten Unterlagen durch die Zielgesellschaft zur Weitergabe[75] von Insiderinformationen kommen kann[76]. Ferner ist zu beachten, dass eine mit § 14 Abs. 1 Nr. 2 unvereinbare Informationsweitergabe auch darin zu sehen sein könnte, dass die Zielgesellschaft dem Kaufinteressenten die Durchführung einer Due Diligence gestattet[77].

A. Zusammenstellung der Unterlagen

An der Zusammenstellung der für den Kaufinteressenten bestimmten Unterlagen können Personen beteiligt sein, die zuvor keinen Zugang zu diesen Unterlagen hatten. Diesen Personen werden dann unter Umständen die in den Unterlagen enthaltenen Insiderinformationen i.S.v. § 14 Abs. 1 Nr. 2 zugänglich gemacht. Das ist etwa der Fall, wenn Unterlagen eingescannt werden, um sie in einem Digital Data Room oder auf CD-ROM bereitzustellen. Es kann nämlich nicht davon ausgegangen werden, dass diese sehr zeitaufwendige Aufgabe ausschließlich durch solche Personen erledigt wird, die bereits zuvor Zugang zu sämtlichen in den Unterlagen enthaltenen Informationen hatten. Denn über einen umfassenden Informationszugang verfügt typischerweise nur die Unternehmensleitung, und deren Kapazitäten werden es nicht zulassen, die Unterlagen eigenhändig zu scannen.

Die Weitergabe von Insiderinformationen im Zuge der Zusammenstellung der Unterlagen verstößt gegen § 14 Abs. 1 Nr. 2, wenn sie eine Weitergabe an einen anderen darstellt und unbefugt erfolgt. Als „anderer" wird in der Literatur jede vom Weitergebenden verschiedene Person angesehen[78]. Wie sich zeigen

---

75 Der Begriff „Weitergabe" wird im Folgenden als Oberbegriff für die beiden in § 14 Abs. 1 Nr. 2 genannten Begehungsformen (Mitteilen und Zugänglichmachen) verwendet.

76 Dazu sogleich unter A.

77 Dazu unter B.

78 *Assmann*, in: Assmann/Schneider, WpHG, § 14 Rn. 67; *Pawlik*, in: KölnKomm-WpHG, § 14 Rn. 42; *Rothenhöfer*, in: Kümpel/Wittig, Bank- und Kapitalmarktrecht, S. 287.

wird, ist diese Definition jedoch zu weitreichend. Geboten erscheint eine Einschränkung dahingehend, dass eine Weitergabe an einen anderen nicht gegeben ist, wenn Insiderinformationen unter Beschäftigten derselben privatrechtlich organisierten Personenvereinigung funktionsbezogen weitergegeben werden[79].

Anknüpfungspunkt für ein derartiges Verständnis ist der im insiderrechtlichen Kontext, soweit ersichtlich, bislang unbeachtet gebliebene § 3 Abs. 8 Satz 2 BDSG, der eine Legaldefinition des Begriffs „Dritter" enthält. Diese Definition ist im Bereich des Datenschutzrechts von entscheidender Bedeutung für die Beantwortung der Frage, unter welchen Voraussetzungen personenbezogene Daten i.S.v. § 3 Abs. 1 BDSG weitergegeben werden dürfen. Um das zu erfassen, muss man sich zunächst vor Augen führen, dass die Übermittlung personenbezogener Daten nach § 3 Abs. 4 Satz 1 BDSG eine Form der Datenverarbeitung darstellt und damit gem. § 4 Abs. 1 BDSG nur zulässig ist, soweit das BDSG oder eine andere Rechtsvorschrift sie erlaubt oder anordnet oder der Betroffene eingewilligt hat. Des Weiteren muss man sich vergegenwärtigen, dass nicht jede Weitergabe personenbezogener Daten als Übermittlung anzusehen ist, sondern dass eine Übermittlung nach § 3 Abs. 4 Satz 2 Nr. 3 BDSG voraussetzt, dass personenbezogene Daten einem Dritten bekannt gegeben werden. Dritter ist nach der bereits angesprochenen Legaldefinition des § 3 Abs. 8 Satz 2 BDSG jede Person oder Stelle außerhalb der verantwortlichen Stelle. Unter einer verantwortlichen Stelle ist dabei gem. § 3 Abs. 7 BDSG jede Person oder Stelle zu verstehen, die personenbezogene Daten für sich selbst erhebt, verarbeitet oder nutzt oder dies durch andere im Auftrag vornehmen lässt. Diese Definition erfasst insbesondere juristische Personen, Personengesellschaften und sonstige Personenvereinigungen des Privatrechts[80]. Handelt es sich bei der verantwortlichen Stelle um eine Personenvereinigung des Privatrechts, so liegt eine Datenübermittlung an Dritte folglich nur dann vor, wenn personenbezogene Daten an Personen außerhalb der Personenvereinigung weitergegeben werden. Die Legaldefinition des Begriffs „Dritter" in § 3 Abs. 8 Satz 2 BDSG führt demnach dazu, dass personenbezogene Daten innerhalb einer privatrechtlich organisierten Personenvereinigung ohne Beachtung der strengen Anforderungen des § 4 Abs. 1 BDSG weitergegeben werden dürfen. Die Weitergabe personenbezogener Daten ist dabei als intern einzuordnen, soweit sie funktionsbezogen, d.h. in unmittelbarem

---

79 Kritisch gegenüber einer grundsätzlichen Unterscheidung zwischen unternehmensinterner und -externer Weitergabe *Mennicke*, in: Fuchs, WpHG, § 14 Rn. 210, 243, 258.

80 *Dammann*, in: Simitis, Bundesdatenschutzgesetz, § 3 Rn. 232.

Zusammenhang mit den dienstlichen Funktionen, unter Beschäftigten derselben Personenvereinigung erfolgt[81].

Nach der hier vertretenen Auffassung, die im Folgenden begründet wird, kann der Rechtsgedanke des § 3 Abs. 8 Satz 2 BDSG im Wege der Auslegung des Merkmals „anderer" auf das insiderrechtliche Weitergabeverbot des § 14 Abs. 1 Nr. 2 übertragen werden.

Der Wortlaut steht dem nicht entgegen, denn es liegt innerhalb des semantisch möglichen Wortsinns des Begriffs „anderer", diesen aus der Perspektive einer Personenvereinigung und ihrer Beschäftigten nur auf außerhalb der Personenvereinigung stehende Personen zu beziehen.

Ein erstes Argument für die hier befürwortete Auslegung des Merkmals „anderer" liefert das systematische Verhältnis des § 14 Abs. 1 Nr. 2 zu der soeben skizzierten Regelung der Übermittlung personenbezogener Daten im BDSG. Denn die Regelung der Übermittlung personenbezogener Daten betrifft einen ähnlichen Wirklichkeitsausschnitt wie das insiderrechtliche Weitergabeverbot. Hier wie dort geht es um die Beantwortung der Frage, unter welchen Voraussetzungen bestimmte vertrauliche Informationen weitergegeben werden dürfen. Das spricht dafür, die beiden Regelungen einheitlich auszulegen. Unschädlich ist insofern, dass der Gesetzgeber in § 14 Abs. 1 Nr. 2 den Begriff „anderer" und im BDSG den Begriff „Dritter" verwendet hat. Die Begriffe „anderer" und „Dritter" werden im allgemeinen und juristischen Sprachgebrauch nämlich oftmals synonym verwendet. Das zeigt nicht zuletzt die Entstehungsgeschichte des § 14 Abs. 1 Nr. 2: Die Vorschrift enthält das Merkmal „anderer", obwohl Art. 3 lit. a der Marktmissbrauchsrichtlinie, auf dem § 14 Abs. 1 Nr. 2 ausweislich der Gesetzesbegründung[82] beruht, die Weitergabe von Insiderinformationen „an Dritte" regelt. Ein weiteres Beispiel für die synonyme Verwendung der beiden Begriffe liefert die Entstehungsgeschichte des Empfehlungs- und Verleitungsverbots des § 14 Abs. 1 Nr. 3. Denn durch § 14 Abs. 1 Nr. 3 a.F., der das Verbot enthielt, „einem *anderen* [...] den Erwerb oder die Veräußerung von Insiderpapieren zu empfehlen", sollte nach der Gesetzesbegründung verhindert werden, dass sich ein Insider „eines *Dritten* bedient oder mit diesem kollusiv zusammenarbeitet, indem er [...] dem *Dritten* den Erwerb oder die Veräußerung von Insiderpapieren empfiehlt"[83]. Gegen die hier befürwortete Auslegung des Merkmals „anderer" lässt sich auch nicht vorbringen, dass der Gesetzgeber hinsichtlich dieses

---

81 *Dammann*, in: Simitis, Bundesdatenschutzgesetz, § 3 Rn. 234 f.; *Gola/Schomerus*, Bundesdatenschutzgesetz, § 3 Rn. 54.

82 Begr. RegE AnSVG, BT-Drucks. 15/3174, S. 34.

83 Begr. RegE 2. FFG, BT-Drucks. 12/6679, S. 47 f. (Hervorhebungen durch den Verfasser).

Merkmals bewusst von einer dem § 3 Abs. 8 Satz 2 BDSG entsprechenden Regelung abgesehen habe. Es ist nämlich nicht ersichtlich, ob sich der Gesetzgeber überhaupt mit der Bedeutung des Merkmals auseinandergesetzt hat. So geht die Gesetzesbegründung zu § 14 Abs. 1 Nr. 2 mit keinem Wort auf das Merkmal „anderer" ein, sondern verweist lediglich pauschal darauf, dass die Vorschrift auf Art. 3 lit. a der Marktmissbrauchsrichtlinie beruhe und § 14 Abs. 1 Nr. 2 a.F. entspreche[84]. Auch die Gesetzesbegründung zu § 14 Abs. 1 Nr. 2 a.F. enthält keine Aussage zur Bedeutung des Merkmals „anderer"[85].

Neben der Gesetzessystematik sprechen auch Sinn und Zweck des § 14 Abs. 1 Nr. 2 für das hier befürwortete Verständnis des Merkmals „anderer". Sinn und Zweck des insiderrechtlichen Weitergabeverbots bestehen zwar einerseits darin, einem Missbrauch von Insiderinformationen dadurch vorzubeugen, dass der Kreis derer, die Kenntnis von derartigen Informationen haben, von vornherein so klein wie möglich gehalten wird[86]. Andererseits soll § 14 Abs. 1 Nr. 2 aber betriebsorganisatorisch erforderliche Abläufe nicht unmöglich machen, was sich insbesondere aus dem schon angesprochenen Verweis des Gesetzgebers auf Art. 3 lit. a der Marktmissbrauchsrichtlinie ergibt, da diese Vorschrift eine Weitergabe von Insiderinformationen im normalen Rahmen der Ausübung einer Arbeit oder eines Berufes oder der Erfüllung von Aufgaben zulässt. Dem entspricht die hier vertretene Auffassung, weil durch die mit ihr einhergehende Ausklammerung der internen Weitergabe von Insiderinformationen aus dem Anwendungsbereich von § 14 Abs. 1 Nr. 2 die betriebsorganisatorisch gebotenen Abläufe gewährleistet werden, ohne dass einer unangemessenen Verbreitung von Insiderinformationen Vorschub geleistet wird. Letzteres wird insbesondere dadurch gewährleistet, dass neben dem Rechtsgedanken des § 3 Abs. 8 Satz 2 BDSG auch das bereits angesprochene, im datenschutzrechtlichen Schrifttum zu dieser Vorschrift entwickelte Kriterium des Funktionsbezugs auf § 14 Abs. 1 Nr. 2 übertragen wird. Denn dieses Kriterium lässt sich auch im Bereich des § 14 Abs. 1 Nr. 2 zur Abgrenzung einer internen Weitergabe von einer Weitergabe an Personen außerhalb der Personenvereinigung heranziehen, was zur Folge hat, dass nicht jede Weitergabe von Insiderinformationen unter Beschäftigten derselben Personenvereinigung als interne Weitergabe anzusehen ist. Es bleibt demnach auch im

---

84 Begr. RegE AnSVG, BT-Drucks. 15/3174, S. 34.
85 Begr. RegE 2. FFG, BT-Drucks. 12/6679, S. 47.
86 *Assmann*, in: Assmann/Schneider, WpHG, § 14 Rn. 73; *Mennicke*, in: Fuchs, WpHG, § 14 Rn. 182; *Pawlik*, in: KölnKomm-WpHG, § 14 Rn. 47. Vgl. auch EuGH, Urt. v. 22.11.2005 – Rs. C-384/02, Rn. 36, NJW 2006, 133, 134.

Falle einer Informationsweitergabe „unter Arbeitskollegen" grundsätzlich Raum für die Anwendung des § 14 Abs. 1 Nr. 2.

Dies vorangestellt, wird deutlich, dass die Weitergabe von Insiderinformationen im Zuge der Zusammenstellung der für den Kaufinteressenten bestimmten Unterlagen im Hinblick auf das insiderrechtliche Weitergabeverbot des § 14 Abs. 1 Nr. 2 in der Regel unbedenklich ist. Denn bei den an der Zusammenstellung der Unterlagen beteiligten Personen wird es sich regelmäßig um Beschäftigte der Zielgesellschaft handeln. Diesen Personen werden die in den Unterlagen enthaltenen Insiderinformationen im Rahmen ihrer Tätigkeit für die Zielgesellschaft, und damit funktionsbezogen, zugänglich gemacht, sodass eine rein interne Weitergabe von Insiderinformationen gegeben ist. Eine solche verstößt nach dem oben Gesagten bereits deshalb nicht gegen § 14 Abs. 1 Nr. 2, weil sie nicht als Weitergabe an einen anderen einzuordnen ist.

B. Gestattung der Due Diligence

Wenn die Zielgesellschaft beschlossen hat, einem bestimmten Kaufinteressenten die Durchführung einer Due Diligence zu gestatten, wird sie diese Entscheidung dem Kaufinteressenten bekannt geben. Die Bekanntgabe könnte gegen § 14 Abs. 1 Nr. 2 verstoßen. Denn bei der Entscheidung, dem Kaufinteressenten die Durchführung einer Due Diligence zu gestatten, könnte es sich um eine Insiderinformation i.S.v. § 13 Abs. 1 handeln, und in der Bekanntgabe der Entscheidung gegenüber dem Kaufinteressenten könnte eine unbefugte Weitergabe dieser Information an einen anderen zu erblicken sein[87].

I. Vorliegen einer Insiderinformation

Soweit § 13 Abs. 1 Satz 1 eine nicht öffentlich bekannte Information mit Emittenten- oder Insiderpapierbezug voraussetzt, steht dies der Einordnung der Gewährung einer Due Diligence als Insiderinformation nicht entgegen. Eine nicht öffentlich bekannte Information ist gegeben, da die Zielgesellschaft die Gewährung der Due Diligence zunächst vertraulich behandeln wird. Die Information weist auch einen Bezug zu einem Emittenten von Insiderpapieren auf, betrifft sie doch einen internen Vorgang der Zielgesellschaft. Erörterungsbedürftig sind vor diesem Hintergrund das in § 13 Abs. 1 Satz 1 und 3 geregelte Erfordernis einer

---

87 Aus Gründen der sprachlichen Vereinfachung wird die Entscheidung, dem Kaufinteressenten die Durchführung einer Due Diligence zu gestatten, im Folgenden als „Gewährung einer Due Diligence" bezeichnet.

konkreten Information und das Merkmal der Kurserheblichkeit gem. § 13 Abs. 1 Satz 1 und 2.

1. Konkrete Information

Assmann und *Gunßer* gehen davon aus, dass die Gewährung einer Due Diligence keine Insiderinformation darstelle, weil dieser Vorgang nur unter außergewöhnlichen Umständen die Annahme rechtfertige, dass die tatsächliche Durchführung der vom Kaufinteressenten beabsichtigten Transaktion hinreichend wahrscheinlich i.S.v. § 13 Abs. 1 Satz 3 sei[88]. Um diese Argumentation nachvollziehen zu können, muss man sich bewusst machen, dass es sich bei der Gewährung einer Due Diligence um eine der Durchführung der beabsichtigten Transaktion vorgelagerte Entscheidung und damit um einen Zwischenschritt im Rahmen eines mehrstufigen Entscheidungsprozesses (auch „gestreckter Sachverhalt" oder „zeitlich gestreckter Vorgang" genannt) handelt[89]. Dann wird nämlich deutlich, dass das Abstellen der genannten Autoren auf § 13 Abs. 1 Satz 3 zurückzuführen ist auf deren Haltung zu der grundsätzlichen Frage, unter welchen Voraussetzungen bei mehrstufigen Entscheidungsprozessen von einer Insiderinformation auszugehen ist. Denn *Assmann* und *Gunßer* halten insofern eine Gesamtbetrachtung für erforderlich: Es müsse bei mehrstufigen Entscheidungsprozessen neben den Voraussetzungen des § 13 Abs. 1 Satz 1 stets geprüft werden, ob der Eintritt des den Endpunkt des Prozesses bildenden zukünftigen Ereignisses i.S.v. § 13 Abs. 1 Satz 3 hinreichend wahrscheinlich sei[90]. An bereits verwirklichte Zwischenschritte auf dem Weg zu diesem zukünftigen Ereignis dürfe nicht isoliert angeknüpft werden[91]. Dieser Ansatz misst dem Endpunkt eines mehrstufigen Entscheidungsprozesses somit eine Sperrwirkung im Hinblick auf vorausgehende Zwischenschritte

---

88 *Assmann*, in: Assmann/Schneider, WpHG, § 14 Rn. 113, § 15 Rn. 75; *Gunßer*, Ad-hoc-Publizität bei Unternehmenskäufen und -übernahmen, S. 113 f. So auch *Zimmer/Kruse*, in: Schwark/Zimmer, KMRK, § 15 WpHG Rn. 43; *Gimnich*, Insiderhandelsverbot, S. 113; *Brandi/Süßmann*, AG 2004, 642, 655. Ähnlich vor Inkrafttreten des AnSVG schon *Körber*, NZG 2002, 263, 267 mit Fn. 53; *Götze*, BB 1998, 2326, 2328 f.

89 Zum Begriff des mehrstufigen Entscheidungsprozesses vgl. *Assmann*, in: Assmann/Schneider, WpHG, § 13 Rn. 22, 28. Die praktische Häufigkeit derartiger Vorgänge betonend *Herfs*, DB 2013, 1650, 1650.

90 *Assmann*, in: Assmann/Schneider, WpHG, § 13 Rn. 28, 61; *Gunßer*, Ad-hoc-Publizität bei Unternehmenskäufen und -übernahmen, S. 54 ff.

91 *Assmann*, in: Assmann/Schneider, WpHG, § 13 Rn. 28; *Gunßer*, Ad-hoc-Publizität bei Unternehmenskäufen und -übernahmen, S. 55, 60.

bei. Die Annahme einer derartigen Sperrwirkung wurde bis in die jüngere Vergangenheit kontrovers diskutiert.

a) Meinungsstand vor dem Geltl-Urteil des EuGH

Von einer Sperrwirkung des Endpunkts eines mehrstufigen Entscheidungsprozesses gingen bis zu der Entscheidung des EuGH in Sachen Geltl ./. Daimler[92] auch noch weitere Stimmen in der Literatur[93] und Teile der Rechtsprechung aus. So haben sich im Rahmen des noch immer nicht abgeschlossenen Verfahrenskomplexes Geltl ./. Daimler, in dem es um Fragen der Ad-hoc-Publizität im Zusammenhang mit dem Ausscheiden von Jürgen Schrempp aus dem Vorstand der damaligen DaimlerChrysler AG geht, das OLG Stuttgart[94] und der BGH[95] in diesem Sinne geäußert. Die Gegenauffassung in der Literatur[96] und das OLG Frankfurt/M.[97] gingen nicht von einer Sperrwirkung aus, sondern hielten es für möglich, verwirklichte Zwischenschritte mehrstufiger Entscheidungsprozesse unabhängig von der Eintrittswahrscheinlichkeit des Endpunkts des Prozesses als konkrete Informationen einzuordnen.

Vereinzelt wurde die Annahme einer Sperrwirkung auf den Bedeutungsgehalt des Merkmals der konkreten Information gestützt. Es wurde vorgebracht, dass es mit der zweistufigen Konzeption dieses Merkmals nicht vereinbar sei, Zwischenschritte im Rahmen eines mehrstufigen Entscheidungsprozesses unabhängig von der Eintrittswahrscheinlichkeit des Endpunkts des Prozesses als konkrete Informationen anzusehen[98]. Das überzeugt nicht. Zwar trifft es zu, dass das gesetzlich nicht definierte Merkmal der konkreten Information zweistufig zu prüfen ist. Denn es ist richtlinienkonform im Sinne der Definition des Begriffs der präzisen Information in Art. 1 Abs. 1 der Richtlinie 2003/124/EG[99] auszulegen, nach der eine Information dann präzise ist, „wenn damit eine Reihe von Umständen

---

92 EuGH, Urt. v. 28.06.2012 – Rs. C-19/11, DB 2012, 1496 ff.
93 *Schwark/Kruse*, in: Schwark/Zimmer, KMRK, § 13 WpHG Rn. 10a, 19; *Rothenfußer/ Nikoleyczik*, EWiR 2009, 427, 428; wohl auch *Kümpel/Veil*, WpHG, S. 57 f.
94 OLG Stuttgart, ZIP 2007, 481, 484 f.; ZIP 2009, 962, 964 f.
95 BGH, ZIP 2008, 639, 641.
96 *Mennicke/Jakovou*, in: Fuchs, WpHG, § 13 Rn. 74 f.; *Pawlik*, in: KölnKomm-WpHG, § 13 Rn. 15 f.; *Veil*, in: Veil, Europäisches Kapitalmarktrecht, S. 158; *Mennicke*, NZG 2009, 1059, 1060; *Cahn*, Der Konzern 2005, 5, 6; *Harbarth*, ZIP 2005, 1898, 1900 f.; *Simon*, Der Konzern 2005, 13, 15 f.; *Ziemons*, NZG 2004, 537, 541; widersprüchlich BaFin, Emittentenleitfaden (4. Auflage 2013), S. 33, 58.
97 OLG Frankfurt/M., ZIP 2009, 563, 564.
98 *Assmann*, in: Assmann/Schneider, WpHG, § 13 Rn. 28.
99 ABl. EU Nr. L 339 v. 24.12.2003, S. 70 ff.

gemeint ist, die bereits existieren oder bei denen man mit hinreichender Wahrscheinlichkeit davon ausgehen kann, dass sie in Zukunft existieren werden, oder ein Ereignis, das bereits eingetreten ist oder mit hinreichender Wahrscheinlichkeit in Zukunft eintreten wird, und diese Information darüber hinaus spezifisch genug ist, dass sie einen Schluss auf die mögliche Auswirkung dieser Reihe von Umständen oder dieses Ereignisses auf die Kurse von Finanzinstrumenten oder damit verbundenen derivativen Finanzinstrumenten zulässt"[100]. Das auf Art. 1 Abs. 1 der Richtlinie 2003/124/EG fußende zweistufige Prüfungsprogramm des Merkmals der konkreten Information liefert aber kein Argument für die Annahme einer Sperrwirkung. Denn zum einen wird die Fallgruppe der mehrstufigen Entscheidungsprozesse in Art. 1 Abs. 1 der Richtlinie 2003/124/EG überhaupt nicht angesprochen. Und zum anderen setzt diese Vorschrift eine hinreichende Eintrittswahrscheinlichkeit ausdrücklich nur bei zukünftigen Umständen und Ereignissen voraus und enthält auch keinen Hinweis darauf, dass bestimmte bereits existierende Umstände bzw. bereits eingetretene Ereignisse wegen ihrer Eigenschaft als Zwischenschritte auf dem Weg zu einem zukünftigen Umstand oder Ereignis nicht als existierende Umstände bzw. bereits eingetretene Ereignisse behandelt werden dürfen[101].

Zur Begründung einer Sperrwirkung wurde des Weiteren auf § 13 Abs. 1 Satz 3 verwiesen. In dieser Vorschrift wurde teilweise eine Spezialregelung für zukunftsbezogene Sachverhalte erblickt, die es ausschließe, bereits verwirklichte Zwischenschritte im Rahmen eines mehrstufigen Entscheidungsprozesses als gegenwärtige Umstände unter § 13 Abs. 1 Satz 1 zu subsumieren[102]. Diese Einordnung des § 13 Abs. 1 Satz 3 ist aus mehreren Gründen abzulehnen: Zunächst lässt sich dem Wortlaut der Vorschrift kein Anhaltspunkt für einen derartigen Regelungsgehalt entnehmen, besagt er doch lediglich, dass (neben gegenwärtigen) auch zukünftige Umstände als Gegenstand einer Insiderinformation in Betracht kommen, sofern ihr Eintritt hinreichend wahrscheinlich ist[103]. Darüber hinaus sprechen auch Sinn und Zweck des § 13 Abs. 1 Satz 3 gegen eine Einordnung dieser Vorschrift als Spezialregelung. Denn die Annahme, man dürfe verwirklichte Zwischenschritte mehrstufiger Entscheidungsprozesse nicht als

---

100 *Assmann*, in: Assmann/Schneider, WpHG, § 13 Rn. 6 f.; *Mennicke/Jakovou*, in: Fuchs, WpHG, § 13 Rn. 22 ff.; zweifelnd hinsichtlich des Prüfkriteriums der Spezifität *Herfs*, DB 2013, 1650, 1652 f.

101 Vgl. *Klöhn*, ZIP 2012, 1885, 1887.

102 *Schwark/Kruse*, in: Schwark/Zimmer, KMRK, § 13 WpHG Rn. 10a, 19; *Gunßer*, Ad-hoc-Publizität bei Unternehmenskäufen und -übernahmen, S. 54.

103 **A.A.** *Gunßer*, Ad-hoc-Publizität bei Unternehmenskäufen und -übernahmen, S. 57 f.

gegenwärtige Umstände unter § 13 Abs. 1 Satz 1 subsumieren, führt zu einer Beschränkung des Anwendungsbereichs dieser Vorschrift und damit auch zu einer Beschränkung der Insiderverbote und der Ad-hoc-Publizitätspflicht, da diese gleichermaßen an den Begriff der Insiderinformation anknüpfen[104]. Eine solche beschränkende Wirkung soll § 13 Abs. 1 Satz 3 hingegen nach dem Willen des Gesetzgebers gerade nicht entfalten, wird der Vorschrift doch in der Gesetzesbegründung eine rein klarstellende Funktion zugedacht[105]. So heißt es dort: „[§ 13 Abs. 1] Satz 3 *stellt klar*, dass eine Insiderinformation auch dann vorliegt, wenn sie sich auf einen Umstand oder ein Ereignis in der Zukunft bezieht, sofern dessen Eintritt hinreichend wahrscheinlich ist."[106] Die Annahme einer rein klarstellenden Funktion entspricht im Übrigen auch der Tatsache, dass § 13 Abs. 1 Satz 3 im Wesentlichen den die zukünftigen Umstände betreffenden Abschnitt der Definition der präzisen Information in Art. 1 Abs. 1 der Richtlinie 2003/124/EG wiedergibt. Denn durch diese Übernahme des Richtlinientextes in das Gesetz wird lediglich ein rechtlicher Zusammenhang verdeutlicht, der sich bereits aus der oben thematisierten richtlinienkonformen Auslegung des Merkmals der konkreten Information ergibt, nämlich dass auch zukünftige Umstände Gegenstand einer Insiderinformation sein können.

b) Das Geltl-Urteil des EuGH

Der eine Sperrwirkung bejahenden Auffassung wurde nunmehr durch die bereits angesprochene – und durch einen Vorlagebeschluss des BGH[107] angestoßene – Entscheidung des EuGH in Sachen Geltl ./. Daimler[108] der Boden entzogen. Denn in dieser Entscheidung kommt der EuGH im Hinblick auf Art. 1 Abs. 1 der Richtlinie 2003/124/EG zu dem Ergebnis, dass bei einem zeitlich gestreckten Vorgang nicht nur der angestrebte Endpunkt des Vorgangs, sondern auch jeder mit der Verwirklichung des Endpunkts verknüpfte Zwischenschritt eine präzise Information darstellen könne[109]. Zudem äußert er sich im Rahmen seiner Begründung ablehnend gegenüber einer Auslegung des Art. 1 Abs. 1 der Richtlinie 2003/124/EG, die Zwischenschritte eines zeitlich gestreckten Vorgangs „außer Betracht" ließe[110]. Damit bringt der EuGH zumindest implizit zum Ausdruck, dass er nicht

---

104 *Harbarth*, ZIP 2005, 1898, 1901.
105 A.A. *Gunßer*, Ad-hoc-Publizität bei Unternehmenskäufen und -übernahmen, S. 57.
106 Begr. RegE AnSVG, BT-Drucks. 15/3174, S. 34 (Hervorhebung durch den Verfasser).
107 BGH, Beschl. v. 22.11.2010 – II ZB 7/09, AG 2011, 84 ff.
108 EuGH, Urt. v. 28.06.2012 – Rs. C-19/11, DB 2012, 1496 ff.
109 EuGH, Urt. v. 28.06.2012 – Rs. C-19/11, Rn. 40, DB 2012, 1496, 1498.
110 EuGH, Urt. v. 28.06.2012 – Rs. C-19/11, Rn. 35, DB 2012, 1496, 1498.

von einer Sperrwirkung des Endpunkts des gestreckten Vorgangs ausgeht[111]. In diesem Sinne wird der EuGH auch vom BGH verstanden, der zwischenzeitlich in dem auf das Urteil des EuGH folgenden Beschluss von dem Konzept der Sperrwirkung abgerückt ist[112].

Den Ausgangspunkt der überzeugenden Argumentation des EuGH bildet der Wortlaut des Art. 1 Abs. 1 der Richtlinie 2003/124/EG. Diesbezüglich wird zutreffend aufgezeigt, dass ein Zwischenschritt eines zeitlich gestreckten Vorgangs für sich genommen als „Reihe von Umständen" oder als „Ereignis" angesehen werden kann[113].

Zur Bestätigung dieser an sich banalen, aber im vorliegenden Zusammenhang wichtigen Feststellung führt der EuGH sodann ein systematisches Argument ins Feld, indem er auf Art. 3 Abs. 1 der Richtlinie 2003/124/EG verweist[114]. Die Heranziehung dieser Vorschrift überzeugt. Denn Art. 3 Abs. 1 der Richtlinie 2003/124/EG nennt als Beispiele für Konstellationen, in denen ein Aufschub der Ad-hoc-Publizität nach Art. 6 Abs. 2 der Marktmissbrauchsrichtlinie in Betracht kommt, typische Fälle von Zwischenschritten zeitlich gestreckter Vorgänge, ohne insofern auf eine hinreichende Eintrittswahrscheinlichkeit der jeweiligen Endpunkte der Vorgänge abzustellen. Art. 3 Abs. 1 der Richtlinie 2003/124/EG geht also ersichtlich davon aus, dass es sich bei Zwischenschritten zeitlich gestreckter Vorgänge selbst um publizitätspflichtige Insiderinformationen handeln kann.

Anschließend leitet der EuGH seine Auffassung nachvollziehbar aus der Zielrichtung der Marktmissbrauchsrichtlinie ab, die Integrität der Finanzmärkte sicherzustellen und das Vertrauen der Anleger in diese Märkte zu stärken. Dabei betont er zunächst, dass das Vertrauen der Anleger insbesondere auf deren Gleichstellung untereinander und auf deren Schutz vor der unrechtmäßigen Verwendung von Insiderinformationen beruhe und dass durch öffentliche Bekanntgabe von Informationen die Integrität der Finanzmärkte gefördert werde, während eine selektive Informationsweitergabe zum Schwinden des Anlegervertrauens führen könne[115]. Damit lenkt der EuGH den Blick auf den durch die einheitliche

---

111 Ebenso *Ihrig/Kranz*, AG 2013, 515, 516; *Klöhn*, ZIP 2012, 1885, 1890 f.; *Schall*, ZIP 2012, 1286, 1287; *Mock*, ZBB 2012, 286, 289; *Heider/Hirte*, GWR 2012, 429, 430; *Hitzer*, NZG 2012, 860, 861; *Bingel*, AG 2012, 685, 686; **a.A.** *Bachmann*, DB 2012, 2206, 2209 ff. („bleibende[s] Erfordernis der Eintrittswahrscheinlichkeit").

112 Vgl. BGH, Beschl. v. 23.04.2013 – II ZB 7/09, Rn. 15, DB 2013, 1350, 1351 f.; dazu etwa *Herfs*, DB 2013, 1650 ff.; *Ihrig/Kranz*, AG 2013, 515 ff.

113 EuGH, Urt. v. 28.06.2012 – Rs. C-19/11, Rn. 29 ff., DB 2012, 1496, 1497.

114 EuGH, Urt. v. 28.06.2012 – Rs. C-19/11, Rn. 32, DB 2012, 1496, 1497.

115 EuGH, Urt. v. 28.06.2012 – Rs. C-19/11, Rn. 33 f., DB 2012, 1496, 1497 f.

Anknüpfung an den Begriff der Insiderinformation bedingten grundsätzlichen Gleichlauf von Ad-hoc-Publizitätspflicht und Insiderverboten. Diesen Gleichlauf wertet er als Argument gegen die Annahme einer Sperrwirkung, wenn er sodann ausführt, dass eine Sperrwirkung hinsichtlich der Zwischenschritte eines zeitlich gestreckten Vorgangs nicht nur zu einem Entfallen der Publizitätspflicht, sondern auch zu einer insiderrechtlich unbeschränkten Verwendbarkeit der entsprechenden Informationen führen würde[116]. Hiermit bewegt sich der EuGH nur vordergründig im Näherbereich eines Zirkelschlusses. Denn letztlich ist ihm darin zuzustimmen, dass die Annahme einer Sperrwirkung entgegen der Zielrichtung der Marktmissbrauchsrichtlinie ein Verhalten legitimieren würde, das „der Sache nach" als Insiderhandel anzusehen wäre, nämlich das Ausnutzen kursrelevanter, nicht öffentlich bekannter Informationen über die Zwischenschritte[117].

Zur Verstärkung dieses Arguments weist der EuGH abschließend darauf hin, dass der nach dem Konzept der Sperrwirkung eigentlich ja nicht gesperrte Endpunkt eines bestimmten Vorgangs unter Umständen als Zwischenschritt eines anderen, umfassenderen Vorgangs angesehen werden könnte[118]. Dieser Hinweis ist wichtig, weil er andeutet, wie problematisch die Ermittlung der Reichweite der in Rede stehenden Sperrwirkung wäre, zumal sich Endpunkte von Vorgängen wohl oftmals als Zwischenschritte weiter reichender Geschehensabläufe darstellen ließen[119].

c) Folgen des Urteils für die Einordnung der Due Diligence-Gewährung

Die zu begrüßende Ablehnung einer Sperrwirkung im Rahmen des Art. 1 Abs. 1 der Richtlinie 2003/124/EG durch den EuGH hat zur Folge, dass auch bei der Anwendung des § 13 Abs. 1 nicht länger von einer Sperrwirkung ausgegangen werden kann. Denn die Annahme einer Sperrwirkung im Rahmen des § 13 Abs. 1 würde den Anwendungsbereich des deutschen Insiderrechts im Vergleich zu den europarechtlichen Vorgaben einengen und daher gegen Art. 288 Abs. 3 AEUV verstoßen[120]. Festzuhalten bleibt damit, dass verwirklichte Zwischenschritte mehrstufiger Entscheidungsprozesse unabhängig von der Eintrittswahrscheinlichkeit

---

116 EuGH, Urt. v. 28.06.2012 – Rs. C-19/11, Rn. 35 f., DB 2012, 1496, 1498.

117 In diesem Sinne auch *Schall*, ZIP 2012, 1286, 1287, der die Annahme einer Sperrwirkung als „Auslegung der lex lata [ansieht], die dem Insiderhandel Tür und Tor öffnet". Vgl. auch schon *Klöhn*, NZG 2011, 166, 170; *Mennicke*, NZG 2009, 1059, 1060; *Schall*, JZ 2010, 392, 394.

118 EuGH, Urt. v. 28.06.2012 – Rs. C-19/11, Rn. 37, DB 2012, 1496, 1498.

119 Vgl. dazu *Klöhn*, ZIP 2012, 1885, 1891; *Mock*, ZBB 2012, 286, 287 f.

120 Vgl. *Klöhn*, ZIP 2012, 1885, 1892.

des Endpunkts des Prozesses als konkrete Informationen i.S.v. § 13 Abs. 1 Satz 1 anzusehen sein können.

Die vor diesem Hintergrund aufzuwerfende Frage, ob die von der Zielgesellschaft getroffene Entscheidung, dem Kaufinteressenten die Durchführung einer Due Diligence zu gestatten, für sich genommen eine konkrete Information darstellt, ist zu bejahen. Denn die auf Art. 1 Abs. 1 der Richtlinie 2003/124/EG zurückgehenden zwei Voraussetzungen einer konkreten Information sind gegeben. Bei der Entscheidung der Zielgesellschaft handelt es sich nämlich um ein bereits eingetretenes Ereignis, dessen Bedeutung für den Kurs der Papiere der Zielgesellschaft beurteilt werden kann.

d) Zwischenergebnis

Die Gewährung einer Due Diligence ist als konkrete Information i.S.v. § 13 Abs. 1 Satz 1 einzuordnen.

2. Kurserheblichkeit

Aus § 13 Abs. 1 Satz 2 folgt, dass eine Information die von § 13 Abs. 1 Satz 1 geforderte Kurserheblichkeit aufweist, wenn ein verständiger Anleger sie bei seiner Anlageentscheidung berücksichtigen würde. Die Kurserheblichkeit einer nicht öffentlich bekannten Information hängt folglich davon ab, ob sie einen hinreichenden Kauf- oder Verkaufsanreiz auf einen verständigen Anleger ausüben würde, wenn dieser von ihr erführe[121]. Ob diese Voraussetzungen hinsichtlich der Gewährung einer Due Diligence erfüllt sind, kann nicht losgelöst von den Umständen des Einzelfalls beurteilt werden[122]. Daher ist an dieser Stelle nur eine leitlinienartige Betrachtung möglich. Bevor eine solche vorgenommen werden kann, ist jedoch zunächst zu klären, inwieweit die möglichen Folgen der Gewährung einer Due Diligence bei der Beurteilung ihrer Kurserheblichkeit bedeutsam sind.

a) Bedeutung möglicher Folgeereignisse

Hintergrund der vorgelagerten Frage nach der Bedeutung möglicher Folgeereignisse ist erneut der Umstand, dass es sich bei der Due Diligence-Gewährung um einen Zwischenschritt im Rahmen eines mehrstufigen Entscheidungsprozesses handelt. So wird seit dem EuGH-Urteil in Sachen Geltl ./. Daimler[123] verstärkt über die Ermittlung der Kurserheblichkeit von Zwischenschritten mehrstufiger

---

121 *Mennicke/Jakovou*, in: Fuchs, WpHG, § 13 Rn. 162.
122 Vgl. BaFin, Emittentenleitfaden (4. Auflage 2013), S. 35.
123 EuGH, Urt. v. 28.06.2012 – Rs. C-19/11, DB 2012, 1496 ff. Vgl. dazu Dritter Teil, B. I. 1.

Entscheidungsprozesse diskutiert, nachdem diese Thematik zuvor angesichts der Debatte über die Sperrwirkung nicht im Fokus stand[124]. Teilweise wird dabei davon ausgegangen, dass (zunächst) eine isolierte Betrachtung des jeweiligen Zwischenschritts zu erfolgen habe. Der Zwischenschritt stelle eine Insiderinformation dar, wenn er aus sich selbst heraus und ohne Rücksicht auf ein nachfolgendes weiteres Ereignis kurserheblich sei[125]. Leite er hingegen seine Kurserheblichkeit aus dem Endpunkt des Prozesses ab, sei zusätzlich eine hinreichende Eintrittswahrscheinlichkeit i.S.v. § 13 Abs. 1 Satz 3 hinsichtlich des Endpunkts erforderlich[126]. Diese Auslegung sei aus Gründen der Rechtssicherheit geboten und zudem der einzige Weg, das gesetzliche Tatbestandsmerkmal der hinreichenden Eintrittswahrscheinlichkeit zu erhalten[127]. Für die Ermittlung der Kurserheblichkeit der Due Diligence-Gewährung würde dieser Ansatz bedeuten, dass zunächst zu prüfen wäre, ob die Due Diligence-Gewährung bei isolierter Betrachtung kurserheblich ist. Im Verneinensfall wäre sodann zu prüfen, ob die Durchführung der beabsichtigten Transaktion zum Zeitpunkt der Due Diligence-Gewährung hinreichend wahrscheinlich ist und ob sich daraus eine Kurserheblichkeit ergibt.

Der soeben skizzierte Ansatz ist abzulehnen. Eine Prüfung der Kurserheblichkeit eines Zwischenschritts ohne Rücksicht auf mögliche Folgeereignisse, also insbesondere ohne Rücksicht auf den Endpunkt des Prozesses, widerspräche § 13 Abs. 1 Satz 2, da ein verständiger Anleger stets die möglichen Folgen eines Zwischenschritts in Betracht ziehen wird. In diesem Sinne heißt es schon im ersten Erwägungsgrund der Richtlinie 2003/124/EG, dass bei der Prüfung der Kurserheblichkeit einer Information „auch die möglichen Auswirkungen der Information […], die das entsprechende Finanzinstrument beeinflussen dürften", berücksichtigt werden sollten.

Die des Weiteren propagierte Prüfung einer hinreichenden Eintrittswahrscheinlichkeit des Endpunkts des Prozesses findet in § 13 Abs. 1 Satz 2 ebenfalls keine Grundlage. Bei richtlinienkonformer Auslegung des § 13 Abs. 1 kann das in § 13 Abs. 1 Satz 3 enthaltene Erfordernis einer hinreichenden Eintrittswahrscheinlichkeit im Übrigen auch nur im Rahmen des Tatbestandsmerkmals der

---

124 Auf diesen Zusammenhang zutreffend hinweisend *Herfs*, DB 2013, 1650, 1654; *Bingel*, AG 2012, 685, 689.
125 *Kocher/Widder*, BB 2012, 2837, 2840. In diesem Sinne auch schon *Gunßer*, Ad-hoc-Publizität bei Unternehmenskäufen und -übernahmen, S. 53 f.; *Parmentier*, NZG 2007, 407, 410.
126 *Kocher/Widder*, BB 2012, 2837, 2840.
127 *Kocher/Widder*, BB 2012, 2837, 2840.

konkreten Information, nicht jedoch im Rahmen der Kurserheblichkeit, bedeutsam sein. Das ergibt sich daraus, dass das Erfordernis der hinreichenden Eintrittswahrscheinlichkeit in Art. 1 Abs. 1 der Richtlinie 2003/124/EG Bestandteil der Definition der „präzisen Information" ist, für die in § 13 Abs. 1 Satz 1 wiederum die Bezeichnung „konkrete Information" verwendet wird. Dementsprechend betont der EuGH in seinem Geltl-Urteil, dass der „Grad der Wahrscheinlichkeit des Eintritts" eines bestimmten Ereignisses bei der Prüfung der Kurserheblichkeit einer entsprechenden Information bedeutsam sei, ohne insofern eine Mindestwahrscheinlichkeit zu fordern[128].

Zudem würde durch den skizzierten Ansatz, der im Regelfall auf eine Prüfung der Eintrittswahrscheinlichkeit des Endpunkts hinausliefe, die vom EuGH mit Blick auf die Zielrichtung der Marktmissbrauchsrichtlinie abgelehnte Sperrwirkung des Endpunkts gewissermaßen „durch die Hintertür" wieder eingeführt[129]. Besonders deutlich wird dies, wenn man das von *Kocher/Widder* zur Illustration des Ansatzes gewählte – und im Kontext der vorliegenden Arbeit besonders interessante – Beispiel einer Due Diligence in den Blick nimmt. Denn *Kocher/ Widder* führen insofern aus, dass die Due Diligence als Zwischenschritt auf dem Weg zum Abschluss des Unternehmenskaufvertrages keine Insiderinformation verkörpere, weil sie kein ausreichendes Indiz dafür sei, dass „der eigentlich kurserhebliche Vertragsabschluss als Endergebnis überwiegend wahrscheinlich" sei[130]. Und diese Aussage deckt sich mit der oben[131] dargestellten und auf der Annahme einer Sperrwirkung fußenden Einordnung der Due Diligence durch *Assmann* und *Gunßer*.

Folgerichtig hat sich der BGH dem soeben behandelten Ansatz nicht angeschlossen. In dem auf das Geltl-Urteil des EuGH folgenden Beschluss hat er einer isolierten Betrachtung von Zwischenschritten im Rahmen des Merkmals der Kurserheblichkeit vielmehr ausdrücklich eine Absage erteilt. So heißt es in diesem Beschluss, dass bei der Prüfung der Kurserheblichkeit eines bereits eingetretenen Umstands, der auf ein künftiges Ereignis hinweise, auch der Grad der Wahrscheinlichkeit des Eintritts des künftigen Ereignisses in Betracht zu ziehen sei[132]. Eine Mindestwahrscheinlichkeit fordert der BGH insofern nicht.

---

128   Vgl. EuGH, Urt. v. 28.06.2012 – Rs. C-19/11, Rn. 55, DB 2012, 1496, 1499.
129   Vgl. *Herfs*, DB 2013, 1650, 1654; *Klöhn*, ZIP 2012, 1885, 1891 f.
130   *Kocher/Widder*, BB 2012, 2837, 2840.
131   Dritter Teil, B. I. 1.
132   BGH, Beschl. v. 23.04.2013 – II ZB 7/09, Rn. 25, DB 2013, 1350, 1353.

Zur Begründung seiner Auffassung verweist der BGH[133] auf die bereits erwähnten Ausführungen zur Kurserheblichkeit in dem EuGH-Urteil, die besagen, dass der Grad der Eintrittswahrscheinlichkeit eines bestimmten Ereignisses bei der Prüfung der Kurserheblichkeit einer entsprechenden Information bedeutsam sei[134]. Diese Begründung überzeugt, obwohl sich die Ausführungen des EuGH nicht ausdrücklich zu bereits verwirklichten Zwischenschritten mehrstufiger Entscheidungsprozesse verhalten. Dass sich die Ausführungen des EuGH implizit auch auf Zwischenschritte beziehen, ergibt sich nämlich schon aus der ablehnenden Haltung des EuGH gegenüber dem Konzept der Sperrwirkung[135]. Denn aufgrund dieser Haltung besteht für den EuGH grundsätzlich keine Veranlassung, zwischen Zwischenschritten und sonstigen Umständen oder Ereignissen zu unterscheiden.

Nach alledem sind bei der Prüfung der Kurserheblichkeit von Zwischenschritten mehrstufiger Entscheidungsprozesse auch mögliche Folgeereignisse zu berücksichtigen, ohne dass für den Eintritt dieser Folgeereignisse eine bestimmte Mindestwahrscheinlichkeit zu fordern wäre[136]. Die hier in Rede stehende Due Diligence-Gewährung ist demzufolge im Rahmen des Merkmals der Kurserheblichkeit nicht isoliert zu betrachten, sondern unter Berücksichtigung der Wahrscheinlichkeit der beabsichtigten Transaktion und der voraussichtlichen Auswirkungen dieser Transaktion auf den Kurs der Papiere der Zielgesellschaft.

b) Einordnung der Due Diligence-Gewährung

Die Gewährung einer Due Diligence ist als typischerweise kurserheblicher Umstand einzuordnen. Denn für einen über diesen öffentlich noch unbekannten Umstand informierten Anleger wird es sich regelmäßig als lohnend darstellen, Papiere der Zielgesellschaft zu erwerben, da das öffentliche Bekanntwerden der Due Diligence-Gewährung oftmals zu einem spürbaren Kursanstieg dieser Papiere führen wird. Die Gewährung der Due Diligence wird nämlich im Falle ihres öffentlichen Bekanntwerdens in der Regel von einer Vielzahl von professionellen Investoren als Kaufsignal registriert werden. Diese regelmäßige Einordnung der Due Diligence-Gewährung als Kaufsignal ist zurückzuführen auf deren Eigenschaft als Zwischenschritt auf dem Weg zu einem späteren

---

133 BGH, Beschl. v. 23.04.2013 – II ZB 7/09, Rn. 25, DB 2013, 1350, 1353.
134 Vgl. EuGH, Urt. v. 28.06.2012 – Rs. C-19/11, Rn. 55, DB 2012, 1496, 1499.
135 *Klöhn*, ZIP 2012, 1885, 1891.
136 Ebenso *Klöhn*, ZIP 2012, 1885, 1891; *Schall*, ZIP 2012, 1286, 1288; *Wilsing/Goslar*, DStR 2012, 1709, 1711; im Grundsatz auch *Ihrig/Kranz*, AG 2013, 515, 516 f.; *Bingel*, AG 2012, 685, 690 f.

Unternehmenskauf oder Kauf einer wesentlichen Beteiligung. Die Kurserheblichkeit der Due Diligence-Gewährung ergibt sich also mit anderen Worten aus den Auswirkungen, die die vom Kaufinteressenten geplante Transaktion – im Falle ihres sicheren Bevorstehens – auf den Kurs der Papiere der Zielgesellschaft hätte. Dazu im Einzelnen:

Mit einem bevorstehenden Unternehmenskauf oder Kauf einer wesentlichen Beteiligung verbinden professionelle Investoren die Erwartung, dass der Kaufinteressent zur Umsetzung seines Erwerbsplans auch einen höheren als den gegenwärtigen Kurs für die Papiere der Zielgesellschaft zahlen wird, sodass sie durch den rechtzeitigen Ankauf dieser Papiere und ihren späteren Verkauf an den Kaufinteressenten einen Gewinn realisieren können. Der bevorstehende Kauf eines Unternehmens oder einer wesentlichen Beteiligung an einem solchen stellt damit ein eindeutiges Kaufsignal dar[137], dessen Umsetzung nach den gängigen Marktmechanismen einen Kursanstieg nach sich zieht.

Gleiches gilt regelmäßig für die zeitlich vorgelagerte Gewährung der Due Diligence, da angesichts dieser eine nicht unerhebliche Wahrscheinlichkeit für das Bevorstehen eines Unternehmenskaufs oder Kaufs einer wesentlichen Beteiligung besteht. Zwar ist zum Zeitpunkt der Gewährung einer Due Diligence noch offen, welche Ergebnisse diese zutage fördern wird. Es ist daher nicht ausgeschlossen, dass der Kaufinteressent aufgrund der Ergebnisse der Due Diligence vollumfänglich Abstand von der geplanten Transaktion nimmt. Mindestens so wahrscheinlich wie ein Scheitern der geplanten Transaktion ist zu diesem Zeitpunkt jedoch deren Durchführung[138]. Denn in der Gewährung der Due Diligence kommt zunächst zum Ausdruck, dass es einen Kaufinteressenten gibt, dessen Erwerbsplan so weit fortgeschritten ist, dass er mit der Zielgesellschaft in Verbindung getreten ist, um von dieser eine Due Diligence gewährt zu bekommen[139]. Des Weiteren zeigt die Gewährung der Due Diligence, dass die Zielgesellschaft dem Erwerbsplan des Kaufinteressenten durchaus aufgeschlossen gegenübersteht. Sähe sie den geplanten Erwerb nämlich kritisch oder lehnte sie ihn ab, so hätte es nahegelegen, diesen durch Nichtgewährung einer Due Diligence zu torpedieren. Diese Erwägungen zur Wahrscheinlichkeit der Durchführung einer Transaktion zum Zeitpunkt der Gewährung der Due Diligence lassen

---

137 Vgl. den Katalog von im Allgemeinen kurserheblichen Umständen bei *Assmann*, in: Assmann/Schneider, WpHG, § 13 Rn. 68.

138 **A.A.** *Bingel*, AG 2012, 685, 695 („Zustandekommen der Transaktion normalerweise allenfalls offen").

139 Gegen die Berücksichtigung dieses Aspekts mit fragwürdiger Begründung *Götze*, BB 1998, 2326, 2329 in Fn. 33.

sich empirisch belegen. So kamen *Berens/Strauch* in ihrer bereits angesprochenen Untersuchung zu dem Ergebnis, dass in über 60 % der Fälle im Anschluss an die Due Diligence eine Akquisition erfolgte[140].

Dass es sich bei der zum Zeitpunkt der Gewährung der Due Diligence (wahrscheinlich) bevorstehenden Transaktion um einen Unternehmenskauf oder einen Kauf einer wesentlichen Beteiligung handelt, ergibt sich aus dem mit der Durchführung einer Due Diligence verbundenen personellen und finanziellen Aufwand. Diesen wird der Kaufinteressent nämlich nur dann als gerechtfertigt ansehen, wenn er eine Transaktion größeren Ausmaßes anstrebt. Der bereits geschilderte Umstand, dass die Einräumung einer Due Diligence nur kurserheblich ist, wenn auch die geplante Transaktion – würde sie sich realisieren – ihrerseits als kurserheblich zu betrachten wäre, dürfte daher in der Praxis kaum einmal zur Verneinung der Kurserheblichkeit einer Due Diligence-Gewährung führen[141].

An der Kurserheblichkeit der Gewährung einer Due Diligence wird es nach dem soeben Ausgeführten nur in Ausnahmefällen fehlen[142]. Ein solcher Ausnahmefall kann gegeben sein, wenn das Bevorstehen eines Unternehmenskaufs oder Kaufs einer wesentlichen Beteiligung aufgrund der Umstände des Einzelfalls zum Zeitpunkt der Gewährung der Due Diligence eher unwahrscheinlich ist, etwa weil schon mehreren Kaufinteressenten eine Due Diligence gewährt wurde, ohne dass es in der Folge zu einer entsprechenden Transaktion kam.

3. Zwischenergebnis

Bei der Entscheidung der Zielgesellschaft, einem bestimmten Kaufinteressenten die Durchführung einer Due Diligence zu gestatten, handelt es sich in der Regel um eine Insiderinformation i.S.v. § 13 Abs. 1.

II. Informationsweitergabe an einen anderen

Angesichts der regelmäßigen Einordnung der Due Diligence-Gewährung als Insiderinformation stellt sich die Frage, ob der Kaufinteressent, dem diese Information durch Mitarbeiter der Zielgesellschaft bekannt gegeben wird, „anderer" i.S.v. § 14 Abs. 1 Nr. 2 ist. Nach der bislang üblichen Lesart, die als „anderen"

---

140 *Berens/Strauch*, Due Diligence bei Unternehmensakquisitionen – eine empirische Untersuchung, S. 40.

141 **A.A.** offenbar *Assmann*, in: Assmann/Schneider, WpHG, § 14 Rn. 113.

142 Vgl. *Pfüller*, in: Fuchs, WpHG, § 15 Rn. 201; *Eggenberger*, due-diligence Prüfung, S. 335.

jede vom Weitergebenden verschiedene Person ansieht[143], wäre die Frage ohne Weiteres zu bejahen. Die im Rahmen der vorliegenden Arbeit aus dem Datenschutzrecht hergeleitete Einschränkung dahingehend, dass eine Weitergabe an einen anderen nicht gegeben ist, wenn Insiderinformationen unter Beschäftigten derselben privatrechtlich organisierten Personenvereinigung funktionsbezogen weitergegeben werden[144], führt nicht zu einem abweichenden Ergebnis. Denn zunächst wird der Kaufinteressent in aller Regel eine juristische Person und somit nicht Beschäftigter der Zielgesellschaft sein. Und selbst wenn es sich bei dem Kaufinteressenten im Einzelfall um eine bei der Zielgesellschaft beschäftigte natürliche Person handeln sollte, würde es jedenfalls an einer funktionsbezogenen Weitergabe der Information fehlen, da die Due Diligence-Gewährung dem Kaufinteressenten nicht in unmittelbarem Zusammenhang mit seiner Tätigkeit für die Zielgesellschaft bekannt gegeben würde.

Nichtsdestotrotz ist der Kaufinteressent hinsichtlich der Information, dass ihm eine Due Diligence gewährt wurde, im Ergebnis nicht als „anderer" einzuordnen. Die gängige Definition des Merkmals „anderer" bedarf nämlich einer weiteren Einschränkung, die einer solchen Einordnung entgegensteht. Anknüpfungspunkt für diese Einschränkung ist abermals eine datenschutzrechtliche Vorschrift und zwar § 3 Abs. 8 Satz 3 Var. 1 BDSG. Die Vorschrift ergänzt die in § 3 Abs. 8 Satz 2 BDSG enthaltene Legaldefinition des Dritten, indem sie den Betroffenen ausdrücklich vom Begriff des Dritten ausnimmt. Durch diese Regelung wird die Bekanntgabe von personenbezogenen Daten an den Betroffenen im Vergleich zur Bekanntgabe an sonstige Personen erleichtert. Denn die Ausklammerung des Betroffenen aus dem Begriff des Dritten hat zur Folge, dass die Bekanntgabe von personenbezogenen Daten an den Betroffenen nicht als Übermittlung i.S.v. § 3 Abs. 4 Satz 2 Nr. 3 BDSG und somit auch nicht als Verarbeitung personenbezogener Daten i.S.v. § 3 Abs. 4 Satz 1 BDSG anzusehen ist. Die Vorschrift des § 4 Abs. 1 BDSG, nach der die Verarbeitung personenbezogener Daten nur zulässig ist, soweit das BDSG oder eine andere Rechtsvorschrift sie erlaubt oder anordnet oder der Betroffene eingewilligt hat, muss daher insofern nicht beachtet werden. Hintergrund der Regelung des § 3 Abs. 8 Satz 3 Var. 1 BDSG ist der Umstand, dass die strengen Anforderungen des § 4 Abs. 1 BDSG gerade dem Schutz des Betroffenen dienen und daher im Falle einer Bekanntgabe an ihn selbst nicht passen[145].

---

143 *Assmann*, in: Assmann/Schneider, WpHG, § 14 Rn. 67; *Pawlik*, in: KölnKomm-WpHG, § 14 Rn. 42; *Rothenhöfer*, in: Kümpel/Wittig, Bank- und Kapitalmarktrecht, S. 287.

144 Vgl. Dritter Teil, A.

145 *Dammann*, in: Simitis, Bundesdatenschutzgesetz, § 3 Rn. 243.

Der Rechtsgedanke des § 3 Abs. 8 Satz 3 Var. 1 BDSG kann bei der Auslegung des Merkmals „anderer" fruchtbar gemacht werden. Ein erster Anhaltspunkt dafür ergibt sich daraus, dass § 3 Abs. 8 Satz 3 Var. 1 BDSG die Legaldefinition des Dritten in § 3 Abs. 8 Satz 2 BDSG ergänzt, denn diese Legaldefinition stellt die Grundlage für die erste im Rahmen dieser Untersuchung erarbeitete Einschränkung des Merkmals „anderer" dar[146]. Weitaus bedeutsamer ist jedoch, dass die Heranziehung des Rechtsgedankens des § 3 Abs. 8 Satz 3 Var. 1 BDSG dem systematischen Verhältnis des § 14 Abs. 1 Nr. 2 zur Regelung der Ad-hoc-Publizität in § 15 Abs. 1 Satz 1 Hs. 1 entspricht. Nach der letztgenannten Vorschrift muss ein Inlandsemittent von Finanzinstrumenten Insiderinformationen, die ihn unmittelbar betreffen, unverzüglich veröffentlichen. Unmittelbar betreffen können einen Emittenten sowohl Insiderinformationen, die in seinem Tätigkeitsbereich eingetreten sind, als auch von außen kommende Insiderinformationen. Das ergibt sich aus dem als Regelbeispiel ausgestalteten § 15 Abs. 1 Satz 3, nach dem eine unmittelbare Betroffenheit des Emittenten „insbesondere" dann gegeben ist, wenn sich die Insiderinformation auf Umstände bezieht, die in seinem Tätigkeitsbereich eingetreten sind. Der Umstand, dass der Emittent seine aus § 15 Abs. 1 Satz 1 Hs. 1 folgende Pflicht zur Veröffentlichung einer von außen kommenden und ihn unmittelbar betreffenden Insiderinformation nicht erfüllen kann, solange er nicht über diese Insiderinformation verfügt, spricht nun dafür, dass die Insiderinformation an ihn weitergegeben werden darf. Die Vereinbarkeit der Informationsweitergabe mit § 14 Abs. 1 Nr. 2 lässt sich mit dem Rechtsgedanken des § 3 Abs. 8 Satz 3 Var. 1 BDSG begründen, der insofern als Bindeglied zwischen Ad-hoc-Publizitätspflicht und insiderrechtlichem Weitergabeverbot angesehen werden kann. Denn die in § 3 Abs. 8 Satz 3 Var. 1 BDSG geregelte Ausklammerung des Betroffenen aus dem Begriff des Dritten kann in der Weise auf § 14 Abs. 1 Nr. 2 übertragen werden, dass der i.S.d. § 15 Abs. 1 Satz 1 Hs. 1 von einer bestimmten Insiderinformation unmittelbar Betroffene hinsichtlich dieser Information nicht als „anderer" einzuordnen ist.

Dieser Ansatz findet seine Grundlage in der Normstruktur des § 3 Abs. 8 Satz 3 Var. 1 BDSG. Die Vorschrift knüpft nämlich an das auch in § 15 Abs. 1 Satz 1 Hs. 1 zum Tragen kommende Kriterium der Betroffenheit von einer Information an, um den Begriff des Dritten zu definieren, bei dem es sich nach allgemeinem und juristischem Sprachgebrauch um ein Synonym für den in § 14 Abs. 1 Nr. 2 enthaltenen Begriff „anderer" handelt[147].

---

146 Vgl. Dritter Teil, A.
147 Vgl. Dritter Teil, A.

Mit dem Wortlaut des § 14 Abs. 1 Nr. 2 ist der Ansatz vereinbar. Auch Sinn und Zweck des insiderrechtlichen Weitergabeverbots stehen nicht entgegen. Zwar erleichtert der Ansatz die Weitergabe von Insiderinformationen an die von diesen Informationen unmittelbar betroffenen Personen und kann somit zu einer Ausweitung des Kreises der Insider führen. Die damit grundsätzlich einhergehende Zunahme des Risikos eines Missbrauchs der Informationen erweist sich hingegen aus zwei Gründen als hinnehmbar. Zum einen ermöglicht der beschriebene Ansatz hinsichtlich der jeweils in Rede stehenden Insiderinformation lediglich eine überschaubare Ausweitung des Kreises der Insider, da es sich bei den von einer Insiderinformation unmittelbar Betroffenen um einen bestimmbaren Personenkreis handelt. Zum anderen wird die mögliche Ausweitung des Insiderkreises dadurch kompensiert, dass Personen, an die eine Insiderinformation auf der Grundlage des beschriebenen Ansatzes weitergegeben wird, nach Maßgabe des § 15 Abs. 1 Satz 1 Hs. 1 zur Veröffentlichung der Information verpflichtet sind. Denn die Veröffentlichung einer Insiderinformation nimmt dieser die Rechtsqualität einer Insiderinformation und entzieht dadurch einem Missbrauch der Information zu Zwecken des verbotenen Insiderhandels den Boden[148].

Die soeben dargelegte Ausklammerung des i.S.v. § 15 Abs. 1 Satz 1 Hs. 1 von einer bestimmten Insiderinformation unmittelbar Betroffenen aus dem Begriff „anderer" hat zur Folge, dass der Kaufinteressent hinsichtlich einer zu seinen Gunsten erfolgten Due Diligence-Gewährung nicht als „anderer" angesehen werden kann. Die Information, dass ihm eine Due Diligence gewährt wurde, betrifft den Kaufinteressenten nämlich unmittelbar. Zwar handelt es sich bei der Gewährung der Due Diligence um eine Entscheidung der Zielgesellschaft, sodass die Voraussetzungen des in § 15 Abs. 1 Satz 3 enthaltenen Regelbeispiels mangels einer im Tätigkeitsbereich des Kaufinteressenten eingetretenen Information nicht vorliegen. Die somit zu prüfenden Anforderungen an eine aus der Sicht des Kaufinteressenten von außen kommende und diesen gleichwohl unmittelbar betreffende Information sind jedoch erfüllt. Von außen kommende Informationen betreffen einen Emittenten jedenfalls dann unmittelbar, wenn sie diesen ausschließlich oder doch maßgeblich betreffen[149]. Als Beispiel wird insofern die Entscheidung einer Behörde in Angelegenheiten des Emittenten genannt[150]. Die Gewährung einer Due Diligence betrifft den Kaufinteressenten maßgeblich, da

---

148 *Assmann*, in: Assmann/Schneider, WpHG, § 15 Rn. 32 m.w.N.
149 *Assmann*, in: Assmann/Schneider, WpHG, § 15 Rn. 68.
150 *Assmann*, in: Assmann/Schneider, WpHG, § 15 Rn. 68.

durch diese Entscheidung der Zielgesellschaft – ähnlich wie im Falle einer positiven Behördenentscheidung – sein individueller Rechtskreis erweitert wird.

III. Ergebnis

Die Mitarbeiter der Zielgesellschaft werden durch das insiderrechtliche Weitergabeverbot des § 14 Abs. 1 Nr. 2 nicht daran gehindert, einen Kaufinteressenten darüber in Kenntnis zu setzen, dass die Zielgesellschaft beschlossen hat, ihm die Durchführung einer Due Diligence zu gestatten. Zwar ist die nicht öffentlich bekannte Entscheidung der Zielgesellschaft, einem bestimmten Kaufinteressenten die Durchführung einer Due Diligence zu gestatten, in der Regel als Insiderinformation i.S.v. § 13 Abs. 1 einzuordnen. Die Weitergabe dieser Information an den Kaufinteressenten verstößt hingegen schon deshalb nicht gegen das insiderrechtliche Weitergabeverbot, weil der Kaufinteressent nicht als „anderer" i.S.v. § 14 Abs. 1 Nr. 2 anzusehen ist.

Vierter Teil: Informationsoffenlegung und § 14 Abs. 1 Nr. 2

Eine der Kernfragen im Rahmen der insiderrechtlichen Beurteilung der Due Diligence ist zweifelsohne die der Vereinbarkeit des in der Phase der Informationsoffenlegung erfolgenden Informationsflusses von der Zielgesellschaft zum Due Diligence-Team des Kaufinteressenten mit dem insiderrechtlichen Weitergabeverbot des § 14 Abs. 1 Nr. 2. Diese Frage stellt sich, weil es sich bei den von der Zielgesellschaft offengelegten Informationen um Insiderinformationen handeln kann und die Informationsoffenlegung je nach Ausgestaltung im Einzelfall[151] als Mitteilen oder Zugänglichmachen i.S.v. § 14 Abs. 1 Nr. 2 einzuordnen sein wird. Entscheidend ist vor diesem Hintergrund, ob die Mitglieder des Due Diligence-Teams des Kaufinteressenten als „andere" anzusehen sind und ob die Informationsweitergabe an sie „unbefugt" erfolgt.

A. Informationsweitergabe an einen anderen

Gemäß der im Schrifttum zu § 14 Abs. 1 Nr. 2 verbreiteten und im Grundsatz zutreffenden Auffassung, die jede vom Weitergebenden verschiedene Person als „anderen" begreift[152], handelt es sich bei den Mitgliedern des Due Diligence-Teams des Kaufinteressenten im Verhältnis zu den die Informationen offenlegenden Mitarbeitern der Zielgesellschaft ohne Weiteres um „andere". Die Heranziehung der aus dem Datenschutzrecht hergeleiteten Einschränkung dahingehend, dass eine Weitergabe an einen anderen nicht gegeben ist, wenn Insiderinformationen unter Beschäftigten derselben privatrechtlich organisierten Personenvereinigung funktionsbezogen weitergegeben werden[153], bleibt folgenlos. Denn eine unternehmensinterne Weitergabe im Sinne dieser Einschränkung liegt nicht vor. Die Mitglieder des Due Diligence-Teams des Kaufinteressenten sind schließlich keine Beschäftigten der Zielgesellschaft, sondern Führungskräfte oder Mitarbeiter des Kaufinteressenten, gegebenenfalls ergänzt um vom Kaufinteressenten beauftragte

---

151   Vgl. dazu Zweiter Teil, A. III. 2.
152   *Assmann*, in: Assmann/Schneider, WpHG, § 14 Rn. 67; *Pawlik*, in: KölnKomm-WpHG, § 14 Rn. 42; *Rothenhöfer*, in: Kümpel/Wittig, Bank- und Kapitalmarktrecht, S. 287.
153   Vgl. Dritter Teil, A.

externe Gutachter und Berater[154]. Auch die weitere im Rahmen der vorliegenden Arbeit hergeleitete Einschränkung, nach der ein gem. § 15 Abs. 1 Satz 1 Hs. 1 von einer bestimmten Insiderinformation unmittelbar Betroffener hinsichtlich dieser Information nicht als „anderer" anzusehen ist[155], steht der Einordnung der Mitglieder des Due Diligence-Teams als „andere" nicht entgegen. Die anlässlich der Due Diligence offengelegten Informationen betreffen nämlich typischerweise weder den Kaufinteressenten noch die Mitglieder seines Due Diligence-Teams unmittelbar, da es sich um Informationen über die Zielgesellschaft und nicht um Informationen über den Kaufinteressenten oder die Teammitglieder handeln wird. Damit bleibt festzuhalten, dass die Mitglieder des Due Diligence-Teams des Kaufinteressenten im Verhältnis zu den die Informationen offenlegenden Mitarbeitern der Zielgesellschaft als „andere" i.S.v. § 14 Abs. 1 Nr. 2 einzuordnen sind.

B. Unbefugte Informationsweitergabe

I. Meinungsstand

Unter welchen Voraussetzungen die Weitergabe von Insiderinformationen im Zuge einer Due Diligence als „unbefugt" anzusehen ist, ist umstritten. Überwiegend wird von einer befugten Weitergabe der Insiderinformationen durch die Mitarbeiter der Zielgesellschaft ausgegangen, sofern der Kaufinteressent beabsichtigt, eine wesentliche Beteiligung an der Zielgesellschaft zu erwerben[156]. Uneinigkeit besteht unter den Vertretern dieser herrschenden Auffassung jedoch bezüglich des für die Annahme einer wesentlichen Beteiligung erforderlichen Umfangs der geplanten Transaktion. Das Meinungsspektrum reicht hier von 2 % bis zu 30 % der Stimmrechte[157]. Ausgehend von der herrschenden Meinung knüpfen einige Stimmen in der Literatur die Zulässigkeit

---

154 Vgl. *Berens/Hoffjan/Strauch*, in: Berens/Brauner/Strauch/Knauer, Due Diligence bei Unternehmensakquisitionen, S. 115 ff.

155 Vgl. Dritter Teil, B. II.

156 *Assmann*, in: Assmann/Schneider, WpHG, § 14 Rn. 113, 164; *Pawlik*, in: Köln-Komm-WpHG, § 14 Rn. 57; *Hilgendorf*, in: Park, Kapitalmarktstrafrecht, S. 338; *Hopt*, in: Bankrechts-Handbuch, § 107 Rn. 43; BaFin, Emittentenleitfaden (4. Auflage 2013), S. 41; *Sethe*, ZBB 2006, 243, 252; *Cahn*, Der Konzern 2005, 5, 8; *Hasselbach*, NZG 2004, 1087, 1089; *Banerjea*, ZIP 2003, 1730, 1737; *Körber*, NZG 2002, 263, 267; *Schroeder*, DB 1997, 2161, 2165.

157 *Hasselbach*, NZG 2004, 1087, 1089 („bei einer hohen Börsenkapitalisierung der Zielgesellschaft auch schon ab 2 % der Stimmrechte anzuerkennen"); *Liekefett*, Due diligence bei M&A-Transaktionen, S. 185 („beabsichtigte Beteiligungsquote von 30 %").

der Informationsweitergabe an weitere Voraussetzungen, insbesondere den Abschluss einer Vertraulichkeitsvereinbarung mit dem Kaufinteressenten[158].

Das breit gestreute Meinungsbild überrascht kaum, wenn man sich vor Augen führt, mit welchen Unsicherheiten die Handhabung des Merkmals „unbefugt" im Rahmen von § 14 Abs. 1 Nr. 2 generell seit jeher behaftet ist. Diese Unsicherheiten beruhen nicht zuletzt darauf, dass sich der Gesetzgeber zu dem betreffenden Merkmal, bei dem in vielen Konstellationen die Weichen in Richtung Zulässigkeit oder Unzulässigkeit der Informationsweitergabe gestellt werden, nur sehr vage geäußert hat. So beschränken sich die Ausführungen zum Merkmal „unbefugt" in der Gesetzesbegründung zu § 14 Abs. 1 Nr. 2 a.F. auf den folgenden Satz: „Ein unbefugtes Mitteilen oder Zugänglichmachen liegt dann nicht vor, wenn die Tatsache im normalen Rahmen der Berufs- und Geschäftsausübungstätigkeit weitergegeben wird (vgl. Artikel 3 Buchstabe a der Insider-Richtlinie)."[159] Dem Umstand, dass diese Erläuterung angesichts des wertungsabhängigen Kriteriums des „normalen Rahmens der Berufs- und Geschäftsausübungstätigkeit" bei der Beurteilung konkreter Sachverhalte nicht wirklich weiterhilft, begegnet das Schrifttum mit einer Abwägungslösung: Ob eine Weitergabe von Insiderinformationen befugt oder unbefugt erfolge, sei im Wege einer Abwägung zwischen den Zielen des Insiderrechts einerseits und den Erfordernissen wirtschaftlicher und rechtlicher Institutionen andererseits zu ermitteln[160]. Wie die widerstreitenden Interessen im konkreten Fall gewichtet werden sollen, ist hinsichtlich vieler Konstellationen nicht abschließend geklärt.

Vor diesem Hintergrund ist es nicht verwunderlich, dass bei der Suche nach Anhaltspunkten für die Zulässigkeit oder Unzulässigkeit einer Informationsweitergabe mitunter auch solche Verlautbarungen des Gesetzgebers auf das Merkmal „unbefugt" bezogen werden, die sich nicht ausdrücklich zu diesem Merkmal oder überhaupt zum insiderrechtlichen Weitergabeverbot verhalten. Eine derartige Vorgehensweise kann jedenfalls hinsichtlich der hier in Rede stehenden Thematik der Weitergabe von Insiderinformationen im Zuge einer Due Diligence beobachtet werden. Denn die hierzu eingangs dieses Abschnitts skizzierte herrschende Auffassung beruht insbesondere auf der Gesetzesbegründung zum Erwerbs- und Veräußerungsverbot des § 14 Abs. 1 Nr. 1 a.F., in der es heißt: „Der Erwerb eines Aktienpakets ist grundsätzlich erlaubt. Er dient nicht dazu,

---

158 *Bachmann*, ZHR 172 (2008), 597, 626; *Brandi/Süßmann*, AG 2004, 642, 648.

159 Begr. RegE 2. FFG, BT-Drucks. 12/6679, S. 47.

160 *Assmann*, in: Assmann/Schneider, WpHG, § 14 Rn. 73; *Pawlik*, in: KölnKomm-WpHG, § 14 Rn. 46; *Mennicke*, in: Fuchs, WpHG, § 14 Rn. 203 f.; *Singhof*, ZGR 2001, 146, 153.

sich unter Mißachtung der Chancengleichheit der Anleger einen mißbilligenswerten Vorteil zu verschaffen. Dies ist auch dann nicht der Fall, wenn sich der
potentielle Erwerber im Rahmen der Vertragsverhandlungen die Unterlagen des
zu veräußernden Unternehmens vorlegen läßt und hierdurch Kenntnis von Insidertatsachen erhält. Etwas anderes gilt allerdings dann, wenn der Paketerwerber
in Kenntnis solcher Tatsachen weitere Aktien im börslichen oder außerbörslichen Handel erwirbt."[161] Da die Kenntniserlangung von Insidertatsachen aus
den Unterlagen der Zielgesellschaft nach der zitierten Passage nicht zwingend
dazu führe, dass die geplante Transaktion am Erwerbs- und Veräußerungsverbot
scheitere, müsse auch die im Zuge einer Due Diligence erfolgende Weitergabe
derartiger Informationen durch Mitarbeiter der Zielgesellschaft zulässig sein[162].

Diesem Ansatz ist zunächst entgegenzuhalten, dass in der zitierten Passage
aus der Gesetzesbegründung keine Aussage zu einer Informationsweitergabe
durch Mitarbeiter der Zielgesellschaft getroffen wird. Tatsächlich geht es dort
nämlich um eine Fallgestaltung, in der sich der Kaufinteressent die Unterlagen
der Zielgesellschaft von dem potentiellen Verkäufer des Aktienpakets vorlegen
lässt[163]. Dafür spricht insbesondere, dass von einer Vorlage der Unterlagen „im
Rahmen der Vertragsverhandlungen" die Rede ist. Denn die Verhandlungen
über den Kauf eines Aktienpakets finden zwischen dem Kaufinteressenten und
dem potentiellen Verkäufer statt.

Unabhängig davon ist gegen den geschilderten Ansatz vorzubringen, dass
sich die besagte Passage überhaupt nicht zur Zulässigkeit einer Informationsweitergabe an den Kaufinteressenten verhält. Sie befasst sich nämlich – ihrem
Standort in der Gesetzesbegründung zu § 14 Abs. 1 Nr. 1 a.F. entsprechend –
ausschließlich mit der Frage, ob ein Kaufinteressent dadurch an der Umsetzung
seines Erwerbsplans gehindert wird, dass er durch Einsichtnahme in die Unterlagen der Zielgesellschaft Kenntnis von Insidertatsachen erhält[164]. Den Akt der
Informationsweitergabe selbst, d.h. das Verhalten des Weitergebenden, lässt sie
außer Betracht. So wird ausschließlich an das Verhalten des Kaufinteressenten
angeknüpft und insbesondere ausgeführt, dass dieser sich die Unterlagen der
Zielgesellschaft „vorlegen läßt".

Von der Unbedenklichkeit des Vorlegenlassens der Unterlagen kann auch
nicht auf die Zulässigkeit der Informationsweitergabe geschlossen werden[165].

---

161 Begr. RegE 2. FFG, BT-Drucks. 12/6679, S. 47.
162 *Hopt*, in: Bankrechts-Handbuch, § 107 Rn. 43; *Schroeder*, DB 1997, 2161, 2165.
163 *Schmidt-Diemitz*, DB 1996, 1809, 1810.
164 Ähnlich *Hasselbach*, NZG 2004, 1087, 1089; *Weimann*, DStR 1998, 1556, 1561.
165 **A.A.** *Schmidt-Diemitz*, DB 1996, 1809, 1810.

Zwar mag es sich um einen einheitlichen tatsächlichen Vorgang handeln[166]. Das steht jedoch der Annahme eines unbedenklichen Verhaltens des die Informationen erhaltenden Kaufinteressenten und eines verbotswidrigen Verhaltens des Weitergebenden nicht entgegen. Denn zum einen sind einseitige Verbote in der deutschen Rechtsordnung verbreitet anzutreffen. Verwiesen sei diesbezüglich nur auf § 134 BGB und die im Rahmen dieser Vorschrift erörterte Fallgruppe des Verstoßes gegen ein einseitiges Verbotsgesetz[167]. Zum anderen, und darauf kommt es hier entscheidend an, wird die Entgegennahme von Insiderinformationen grundsätzlich weder von § 14 Abs. 1 noch von sonstigen Verbotsnormen erfasst. Ein Schluss von der Unbedenklichkeit der Entgegennahme von Insiderinformationen auf die Unbedenklichkeit der Informationsweitergabe hätte demnach die mit Sinn und Zweck des insiderrechtlichen Weitergabeverbots unvereinbare Konsequenz, dass grundsätzlich jede Weitergabe von Insiderinformationen zulässig wäre. Somit bleibt festzuhalten, dass die oben zitierte Passage aus der Gesetzesbegründung zu § 14 Abs. 1 Nr. 1 a.F. keine taugliche Grundlage für die herrschende Meinung darstellt.

Entsprechend verhält es sich mit Erwägungsgrund 29 der Marktmissbrauchsrichtlinie, der ebenfalls von Vertretern der herrschenden Auffassung herangezogen wird und wie folgt lautet: „Der Zugang zu Insider-Informationen über eine andere Gesellschaft und die Verwendung dieser Informationen bei einem öffentlichen Übernahmeangebot mit dem Ziel, die Kontrolle über dieses Unternehmen zu erwerben oder einen Zusammenschluss mit ihm vorzuschlagen, sollten als solche nicht als Insider-Geschäft gelten." Wie in der besagten Passage aus der Gesetzesbegründung wird in dem Erwägungsgrund nämlich keine Aussage zur Zulässigkeit der Weitergabe von Insiderinformationen an den Kaufinteressenten getroffen[168]. Der Erwägungsgrund ist vielmehr ausschließlich mit Blick auf den Kaufinteressenten formuliert und lässt das Verhalten anderer Personen außer Betracht. Deutlich wird dies, wenn man die englische Fassung des Erwägungsgrundes hinzuzieht. Denn während die deutsche Fassung schlicht vom „Zugang" spricht, sodass man sich durchaus fragen kann, ob das Verfügen über einen Zugang oder das Gewähren eines Zugangs gemeint ist, wird in der englischen Fassung die Formulierung „having access" verwendet. Aus den im Zusammenhang mit der Gesetzesbegründung zu § 14 Abs. 1 Nr. 1 a.F. genannten Gründen kann im Rahmen des Erwägungsgrundes schließlich auch nicht

---

166   Darauf abstellend *Schmidt-Diemitz*, DB 1996, 1809, 1810.
167   Vgl. dazu etwa *Ellenberger*, in: Palandt, § 134 Rn. 9.
168   **A.A.** *Bachmann*, ZHR 172 (2008), 597, 627 f.; *Hasselbach*, NZG 2004, 1087, 1089; *Ziemons*, NZG 2004, 537, 539.

von der Unbedenklichkeit des Verfügens über einen Informationszugang auf die Unbedenklichkeit der Informationsweitergabe geschlossen werden.

Insgesamt stehen die herrschende Meinung und die auf ihr aufbauenden Ansichten somit auf wackligen Beinen. Hintergrund sind dabei wie gesehen generelle Unsicherheiten bei der Handhabung des Merkmals „unbefugt".

II. Eigener Ansatz

Die generelle Problematik des Merkmals „unbefugt" lässt es erforderlich erscheinen, zunächst eine dogmatische Einordnung dieses Merkmals vorzunehmen, um im Anschluss daran deren Auswirkungen auf die Frage der Zulässigkeit der Weitergabe von Insiderinformationen im Zuge einer Due Diligence zu behandeln.

1. Dogmatische Einordnung des Merkmals „unbefugt"

a) Bezugspunkt des Merkmals

Der Tatbestand des § 14 Abs. 1 Nr. 2 enthält zwei unterschiedliche Begehungsformen, die in dieser Arbeit bisher unter dem Begriff der Weitergabe zusammengefasst wurden: das Mitteilen und das Zugänglichmachen. Man könnte sich die Frage stellen, ob sich das Merkmal „unbefugt" auf beide Begehungsformen bezieht. Denn § 14 Abs. 1 Nr. 2 verbietet es, einem anderen eine Insiderinformation „unbefugt mitzuteilen oder zugänglich zu machen", und aus dieser Formulierung geht nicht eindeutig hervor, ob das Merkmal „unbefugt" das Mitteilen und das Zugänglichmachen oder nur das Mitteilen betrifft.

Die Entstehungsgeschichte des § 14 Abs. 1 Nr. 2, der ausweislich der Gesetzesbegründung[169] auf Art. 3 lit. a der Marktmissbrauchsrichtlinie beruht und § 14 Abs. 1 Nr. 2 a.F. entspricht, spricht dagegen, das Merkmal „unbefugt" allein auf die Begehungsform des Mitteilens zu beziehen. So wird in der Gesetzesbegründung zu § 14 Abs. 1 Nr. 2 a.F. unter Verweis auf Art. 3 lit. a der Insiderrichtlinie ausgeführt, dass „ein unbefugtes Mitteilen oder Zugänglichmachen" dann nicht vorliege, wenn die Tatsache im normalen Rahmen der Berufs- und Geschäftsausübungstätigkeit weitergegeben werde[170]. Die Begehungsform des Zugänglichmachens wird also gemeinsam mit der Begehungsform des Mitteilens in einem Satz erwähnt, der der Erläuterung des Merkmals „unbefugt" dienen soll. Das deutet darauf hin, dass sich das Merkmal „unbefugt" auch auf die Begehungsform des Zugänglichmachens bezieht. Des Weiteren unterscheiden Art. 3 lit. a der

---

169   Begr. RegE AnSVG, BT-Drucks. 15/3174, S. 34.
170   Begr. RegE 2. FFG, BT-Drucks. 12/6679, S. 47.

Marktmissbrauchsrichtlinie und Art. 3 lit. a der Insiderrichtlinie nicht zwischen mehreren Begehungsformen, sondern kennen nur die Begehungsform der Weitergabe. Das spricht dafür, die in § 14 Abs. 1 Nr. 2 zur Umsetzung des Begriffs der Weitergabe verwendeten Merkmale des Mitteilens und des Zugänglichmachens einheitlich zu handhaben und somit auf beide das Merkmal „unbefugt" anzuwenden.

Das Merkmal „unbefugt" allein auf die Begehungsform des Mitteilens zu beziehen, wäre darüber hinaus mit Sinn und Zweck des insiderrechtlichen Weitergabeverbots nicht zu vereinbaren. Durch das insiderrechtliche Weitergabeverbot soll einem Missbrauch von Insiderinformationen vorgebeugt werden, indem der Kreis derer, die Kenntnis von derartigen Informationen haben, von vornherein so klein wie möglich gehalten wird[171]. Das Mitteilen einer Insiderinformation widerspricht dieser Zielrichtung grundsätzlich in stärkerem Maße als das Zugänglichmachen, weil die Ausweitung des Kreises der Personen mit Kenntnis von Insiderinformationen im Falle des Zugänglichmachens noch eine eigene Handlung des anderen erfordert, mit der dieser von der ihm eingeräumten Zugangsmöglichkeit Gebrauch macht[172]. Da nun das Verbot des Mitteilens unter dem Vorbehalt der Befugnis zur Weitergabe steht, muss dieser Vorbehalt erst recht für das Verbot des Zugänglichmachens gelten. Damit ist im Ergebnis davon auszugehen, dass sich das Merkmal „unbefugt" sowohl auf die Begehungsform des Mitteilens als auch auf die des Zugänglichmachens bezieht[173].

b) Bedeutung des Merkmals

Das Merkmal „unbefugt" hat im Strafrecht keine einheitliche Bedeutung. Oftmals ist es schlicht gleichbedeutend mit dem allgemeinen Verbrechensmerkmal der Rechtswidrigkeit, das nur deshalb ausdrücklich erwähnt wird, um auf die Möglichkeit des Eingreifens von Rechtfertigungsgründen besonders hinzuweisen[174]. Als Beispiel für diese Funktion des Merkmals kann § 404 Abs. 1 AktG genannt werden, der das unbefugte Offenbaren eines Gesellschaftsgeheimnisses

---

171   *Assmann*, in: Assmann/Schneider, WpHG, § 14 Rn. 73; *Mennicke*, in: Fuchs, WpHG, § 14 Rn. 182; *Pawlik*, in: KölnKomm-WpHG, § 14 Rn. 47. Vgl. auch EuGH, Urt. v. 22.11.2005 – Rs. C-384/02, Rn. 36, NJW 2006, 133, 134.

172   Zur Abgrenzung des Mitteilens vom Zugänglichmachen vgl. etwa *Mennicke*, in: Fuchs, WpHG, § 14 Rn. 190.

173   Vgl. *Assmann*, in: Assmann/Schneider, WpHG, § 14 Rn. 71; *Mennicke*, in: Fuchs, WpHG, § 14 Rn. 196; *Lücker*, Straftatbestand, S. 107.

174   *Lenckner/Eisele*, in: Schönke/Schröder, StGB, vor § 13 Rn. 65; *Kühl*, in: Lackner/Kühl, StGB, vor § 13 Rn. 15; *Fischer*, StGB, § 17 Rn. 11a.

unter Strafe stellt. Denn von einem befugten Offenbaren kann im Rahmen von § 404 Abs. 1 AktG nur dann ausgegangen werden, wenn die Voraussetzungen eines Rechtfertigungsgrundes gegeben sind[175]. Demgegenüber begrenzt das Merkmal „unbefugt" in einigen Strafnormen schon den Tatbestand[176]. Dies gilt beispielsweise für § 132a StGB, der den Mißbrauch von Titeln, Berufsbezeichnungen und Abzeichen regelt[177]. Die tatbestandsbegrenzende Bedeutung des Merkmals „unbefugt" im Rahmen dieser Vorschrift folgt letztlich daraus, dass der Tatbestand ohne eine derartige Begrenzung keinen vernünftigen Sinn ergäbe, da etwa das Führen der Berufsbezeichnung „Rechtsanwalt" durch einen ordnungsgemäß zugelassenen Rechtsanwalt tatbestandsmäßig wäre.

Im Rahmen des § 14 Abs. 1 Nr. 2 wird dem Merkmal „unbefugt" ganz überwiegend eine tatbestandsbegrenzende Bedeutung beigemessen[178]. Für diese Einordnung werden zunächst systematische Erwägungen ins Feld geführt. So wird darauf verwiesen, dass das besagte Merkmal nur in § 14 Abs. 1 Nr. 2 enthalten sei, nicht jedoch in den beiden anderen Verbotstatbeständen des § 14 Abs. 1. Dies lasse auf eine eigenständige Bedeutung des Merkmals im Tatbestand von § 14 Abs. 1 Nr. 2 schließen, da es nahegelegen hätte, das Merkmal auch in § 14 Abs. 1 Nr. 1 und 3 zu verwenden, wenn ein bloßer Hinweis auf die Möglichkeit einer Rechtfertigung intendiert gewesen wäre[179]. Zwingend ist diese Argumentation nicht. Denn es ist durchaus denkbar, dass der Gesetzgeber gerade in § 14 Abs. 1 Nr. 2 mittels des Merkmals „unbefugt" auf die Möglichkeit einer Rechtfertigung hinweisen wollte. Dafür spricht, dass hinsichtlich dieser Vorschrift eine Vielzahl potentieller Rechtfertigungsgründe existiert, insbesondere weil sich aus zahlreichen

---

175 Vgl. *Schaal*, in: MünchKomm-AktG, § 404 Rn. 33, 41; *Hefendehl*, in: Spindler/Stilz, AktG, § 404 Rn. 33, 47.

176 *Lenckner/Eisele*, in: Schönke/Schröder, StGB, vor § 13 Rn. 65; *Kühl*, in: Lackner/Kühl, StGB, vor § 13 Rn. 15; *Fischer*, StGB, § 17 Rn. 11a.

177 Vgl. *Sternberg-Lieben*, in: Schönke/Schröder, StGB, § 132a Rn. 19; *Fischer*, StGB, § 132a Rn. 24.

178 *Assmann*, in: Assmann/Schneider, WpHG, § 14 Rn. 72; *Pawlik*, in: KölnKomm-WpHG, § 14 Rn. 44; *Mennicke*, in: Fuchs, WpHG, § 14 Rn. 197; *Schwark/Kruse*, in: Schwark/Zimmer, KMRK, § 14 WpHG Rn. 45; *Klie*, Zulässigkeit einer Due Diligence, S. 81 f.; *Koch*, Due Diligence, S. 252; *Lücker*, Straftatbestand, S. 110; *Sethe*, ZBB 2006, 243, 249; *Süßmann*, AG 1999, 162, 163; *Schmidt-Diemitz*, DB 1996, 1809, 1810; *Götz*, DB 1995, 1949, 1949; *Caspari*, ZGR 1994, 530, 545; **a.A.** wohl *Joussen*, DB 1994, 2485, 2486, der im Rahmen der Prüfung des Merkmals „unbefugt" das Vorliegen eines Rechtfertigungsgrundes erörtert.

179 *Pawlik*, in: KölnKomm-WpHG, § 14 Rn. 44; *Sethe*, ZBB 2006, 243, 249; *Götz*, DB 1995, 1949, 1949.

Rechtsnormen eine Pflicht zur Mitteilung von Insiderinformationen ergeben kann[180]. So ordnet etwa § 90 Abs. 1 Satz 1 Nr. 4, Abs. 2 Nr. 4 AktG an, dass der Vorstand dem Aufsichtsrat über wesentliche Einzelmaßnahmen – bei diesen kann es sich um Insiderinformationen i.S.v. § 13 Abs. 1 handeln – möglichst im Vorfeld zu berichten hat. Als weiteres Beispiel für eine gesetzliche Verpflichtung zur Mitteilung von Insiderinformationen kann § 15 Abs. 4 Satz 1 genannt werden, demgemäß ad hoc zu publizierende Insiderinformationen vor der Veröffentlichung den Börsen und der BaFin mitzuteilen sind.

Zur Begründung einer tatbestandsbegrenzenden Bedeutung des Merkmals „unbefugt" wird des Weiteren die Entstehungsgeschichte des insiderrechtlichen Weitergabeverbots herangezogen. Namentlich die Bezugnahme der Gesetzesbegründung[181] auf § 14 Abs. 1 Nr. 2 a.F. und Art. 3 lit. a der Marktmissbrauchsrichtlinie wird als Argument genannt[182]. Tatsächlich ist diese Bezugnahme jedoch hinsichtlich der hier in Rede stehenden Fragestellung wenig aussagekräftig[183]. So führt zunächst der Verweis auf § 14 Abs. 1 Nr. 2 a.F. nicht weiter, da sich auch schon im Rahmen dieser Vorschrift die Frage der Bedeutung des Merkmals „unbefugt" stellte. Soweit auf Art. 3 lit. a der Marktmissbrauchsrichtlinie verwiesen wird, verhält es sich damit nicht anders als mit dem Verweis auf Art. 3 lit. a der Insiderrichtlinie in der Gesetzesbegründung zu § 14 Abs. 1 Nr. 2 a.F.[184]: Es wird deutlich, dass der deutsche Gesetzgeber eine möglichst exakte Umsetzung der gemeinschaftsrechtlichen Vorgaben anstrebte und insbesondere auch die in den genannten Richtlinienvorschriften enthaltenen Ausnahmen von dem grundsätzlichen Weitergabeverbot übernehmen wollte. Offen bleibt hingegen, ob dies rechtstechnisch im Wege einer Begrenzung des Tatbestands oder durch das Eingreifen von Rechtfertigungsgründen gewährleistet werden sollte. Die Richtlinienvorschriften selbst äußern sich zu dieser ureigenen Angelegenheit der Mitgliedstaaten naturgemäß nicht.

Gewissheit hinsichtlich der Bedeutung des Merkmals „unbefugt" bringt mithin erst die Auslegung nach Sinn und Zweck. Konkret stellt sich hier die Frage, ob bereits die Weitergabe einer Insiderinformation an einen anderen das von § 14 Abs. 1 Nr. 2 geschützte Rechtsgut beeinträchtigt und somit den Unrechtstypus der Vorschrift darstellt, oder ob der Unrechtstypus erst in der Kombination

---

180 Vgl. die beispielhafte Aufzählung bei *Assmann*, in: Assmann/Schneider, WpHG, § 14 Rn. 80 f.
181 Begr. RegE AnSVG, BT-Drucks. 15/3174, S. 34.
182 *Pawlik*, in: KölnKomm-WpHG, § 14 Rn. 44.
183 Ebenso *Sethe*, ZBB 2006, 243, 249 in Fn. 49.
184 Begr. RegE 2. FFG, BT-Drucks. 12/6679, S. 47.

der Weitergabe mit einer fehlenden Weitergabebefugnis zu erblicken ist. Nur im letzteren Fall käme dem Merkmal „unbefugt" nämlich eine tatbestandsbegrenzende Bedeutung zu, wogegen es im ersteren Fall als bloßer Hinweis auf die Möglichkeit einer Rechtfertigung zu verstehen wäre[185].

Im Schrifttum wird der Unrechtstypus des § 14 Abs. 1 Nr. 2 in der Kombination der Weitergabe einer Insiderinformation mit einer fehlenden Weitergabebefugnis gesehen. Die Weitergabe einer Insiderinformation verkörpere für sich genommen noch keinen Unrechtsakt[186]. Dies zeige insbesondere der Fall der Weitergabe an eine Person, die ihrerseits dem insiderrechtlichen Weitergabeverbot unterliege. So könne eine solche Weitergabe nicht als Unrechtsakt aufgefasst werden, da von einer dem Weitergabeverbot unterliegenden Person keine Gefahr der weiteren Verbreitung der Information ausgehe[187]. Diese Argumentation ist jedenfalls seit Inkrafttreten des AnSVG nicht mehr haltbar, da sie seitdem die mit Sinn und Zweck des insiderrechtlichen Weitergabeverbots nicht zu vereinbarende Folge hätte, dass die Weitergabe von Insiderinformationen stets zulässig wäre. Denn seit Inkrafttreten des AnSVG unterliegt jeder Informationsempfänger dem insiderrechtlichen Weitergabeverbot[188], weil mit diesem Gesetz die zuvor geltende Beschränkung des personellen Anwendungsbereichs auf die sog. Primärinsider entfallen ist[189].

Unabhängig davon ist zu klären, ob die Auffassung des Schrifttums dem Zweck des § 14 Abs. 1 Nr. 2 entspricht, die Vorgaben des Art. 3 lit. a der Marktmissbrauchsrichtlinie umzusetzen. Art. 3 lit. a der Marktmissbrauchsrichtlinie verbietet bestimmten Personen die Weitergabe von Insiderinformationen, „soweit dies nicht im normalen Rahmen der Ausübung ihrer Arbeit oder ihres Berufes oder der Erfüllung ihrer Aufgaben geschieht". Daraus ergibt sich ein klares Regel-Ausnahme-Verhältnis: Die Weitergabe von Insiderinformationen ist

---

185 Vgl. BGHSt 2, 194, 195; *Lücker*, Straftatbestand, S. 108 f.

186 *Mennicke*, in: Fuchs, WpHG, § 14 Rn. 223; *Lücker*, Straftatbestand, S. 109; *Caspari*, ZGR 1994, 530, 545.

187 *Lücker*, Straftatbestand, S. 109. Vgl. auch *Assmann*, in: Assmann/Schneider, WpHG, § 14 Rn. 72.

188 Ebenso *Sethe*, ZBB 2006, 243, 250; *von Falkenhausen/Widder*, BB 2005, 225, 226; **a.A.** *Assmann*, in: Assmann/Schneider, WpHG, § 14 Rn. 77, der unzutreffend davon ausgeht, dass ein Empfänger nicht dem Weitergabeverbot unterliege, wenn er nicht erkenne, dass es sich bei der an ihn weitergegebenen Information um eine Insiderinformation handele.

189 Vgl. dazu *Diekmann/Sustmann*, NZG 2004, 929, 931; *Ziemons*, NZG 2004, 537, 538 f.; *Kuthe*, ZIP 2004, 883, 884.

grundsätzlich verboten und nur unter den Voraussetzungen der wörtlich zitierten Passage ausnahmsweise zulässig[190]. Das Vorliegen einer Ausnahme gemäß der zitierten Passage ist nach zutreffender Rechtsprechung des EuGH zu Art. 3 lit. a der Insiderrichtlinie, die auf Art. 3 lit. a der Marktmissbrauchsrichtlinie übertragbar ist, grundsätzlich zweistufig zu prüfen. Auf der ersten Stufe ist zu ermitteln, ob die Weitergabe nach der anwendbaren nationalen Rechtsordnung erlaubt ist[191]. Ist das nicht der Fall, so scheidet die Annahme einer Ausnahme von dem grundsätzlichen Weitergabeverbot von vornherein aus. Erlaubt die anwendbare nationale Rechtsordnung die Weitergabe, so ist auf der zweiten Stufe zu untersuchen, ob ein enger Zusammenhang zwischen der Weitergabe und der Ausübung der Arbeit oder des Berufs des Weitergebenden oder der Erfüllung seiner Aufgaben besteht und ob die Weitergabe für die Ausübung der Arbeit oder des Berufs oder für die Aufgabenerfüllung unerlässlich ist[192]. Nur wenn auch diese Voraussetzungen vorliegen, ist der Ausnahmetatbestand erfüllt. Bei der Prüfung ist neben der Sensibilität der betreffenden Insiderinformation insbesondere zu berücksichtigen, dass der Ausnahmetatbestand eng auszulegen ist und dass jede zusätzliche Weitergabe die Gefahr eines Missbrauchs der Insiderinformation vergrößern kann[193].

Dieses Verständnis des Ausnahmetatbestands folgt aus der Zielrichtung der gemeinschaftsrechtlichen Regelung des Insiderhandels[194]. So ist die auf der ersten Stufe vorzunehmende Prüfung einer Erlaubnis zur Weitergabe nach dem jeweils anwendbaren nationalen Recht bereits in Erwägungsgrund 14 der Insiderrichtlinie angelegt, der wie folgt lautet: „Es liegt auf der Hand, dass die Weitergabe einer Insider-Information an eine Behörde zur Erfüllung einer Verpflichtung, die sich aus dieser Richtlinie oder aus anderen geltenden Vorschriften ergibt, nicht unter die in dieser Richtlinie vorgesehenen Verbote fallen kann." Hintergrund der auf der zweiten Stufe zu prüfenden Voraussetzungen, also des engen Zusammenhangs zwischen Weitergabe und Tätigkeit sowie der Unerlässlichkeit der Weitergabe, ist die Überlegung, dass nur bei restriktiver Auslegung des Ausnahmetatbestands von einer grundsätzlichen Gleichstellung der Anleger und einem effektiven Schutz vor der unrechtmäßigen Verwendung von Insiderinformationen die Rede sein kann. Auf die Gleichstellung der Anleger und den effektiven Schutz vor dem Missbrauch von Insiderinformationen kommt es an, weil unter

---

190   Vgl. *Pawlik*, in: KölnKomm-WpHG, § 14 Rn. 46.
191   EuGH, Urt. v. 22.11.2005 – Rs. C-384/02, Rn. 39 f., 46 f., NJW 2006, 133, 134 f.
192   EuGH, Urt. v. 22.11.2005 – Rs. C-384/02, Rn. 31, 34, 47 f., NJW 2006, 133, 134 f.
193   EuGH, Urt. v. 22.11.2005 – Rs. C-384/02, Rn. 27, 36 f., 48, NJW 2006, 133, 134 f.
194   Ablehnend *Assmann*, in: Assmann/Schneider, WpHG, § 14 Rn. 74b.

anderem auf diesen Faktoren das Vertrauen der Anleger beruht, das wiederum von entscheidender Bedeutung für die das Schutzgut der gemeinschaftsrechtlichen Insiderregelung bildende Funktionsfähigkeit der Wertpapiermärkte ist[195]. Die bei der Prüfung des engen Zusammenhangs und der Unerlässlichkeit zu berücksichtigenden Gesichtspunkte gründen letztlich auf der Überzeugung des europäischen Normgebers, dass jede Weitergabe von Insiderinformationen zu einer abstrakten Gefährdung des Anlegervertrauens und damit auch der Funktionsfähigkeit der Wertpapiermärkte führe. Diese Überzeugung kommt zunächst in Erwägungsgrund 24 der Marktmissbrauchsrichtlinie zum Ausdruck. Dort wird nämlich betont, dass die „selektive Weitergabe von Informationen durch Emittenten" dazu führen könne, dass das Vertrauen der Anleger in die Integrität der Finanzmärkte schwinde. Noch deutlicher zeigt sich die Überzeugung von der abstrakten Gefährlichkeit der Weitergabe aber darin, dass Art. 3 lit. a der Marktmissbrauchsrichtlinie bereits dieses Verhalten und nicht erst eine eventuell nachfolgende Wertpapiertransaktion verbietet[196].

Die soeben erläuterten Vorgaben gebieten es, den Unrechtstypus von § 14 Abs. 1 Nr. 2 entgegen der Auffassung des Schrifttums bereits in der Weitergabe einer Insiderinformation an einen anderen zu erblicken und dem Merkmal „unbefugt" somit keine tatbestandsbegrenzende Bedeutung beizumessen. Denn zunächst entspricht allein diese Sichtweise dem von Art. 3 lit. a der Marktmissbrauchsrichtlinie statuierten Regel-Ausnahme-Verhältnis. Sie führt nämlich dazu, dass die Weitergabe einer Insiderinformation an einen anderen stets den Verbotstatbestand des § 14 Abs. 1 Nr. 2 verwirklicht und nur im Falle des Eingreifens eines Rechtfertigungsgrundes ausnahmsweise zulässig ist. Darüber hinaus bildet die hier befürwortete Sichtweise auch die im Rahmen des Art. 3 lit. a der Marktmissbrauchsrichtlinie für die Annahme einer Ausnahme von dem grundsätzlichen Weitergabeverbot notwendigen Voraussetzungen im erforderlichen Umfang ab. So lässt sich anhand der in Betracht kommenden Rechtfertigungsgründe ohne Weiteres ermitteln, ob die in Rede stehende Weitergabe nach deutschem Recht erlaubt ist. Das ist nämlich dann der Fall, wenn sämtliche Voraussetzungen eines Rechtfertigungsgrundes erfüllt sind. Der bei Vorliegen einer Erlaubnis nach nationalem Recht grundsätzlich vorzunehmenden Prüfung des engen Zusammenhangs und der Unerlässlichkeit kann im Rahmen von § 14 Abs. 1 Nr. 2 nur dann Bedeutung zukommen, wenn der einschlägige

---

195 Vgl. Erwägungsgründe 2 bis 5 der Insiderrichtlinie, Erwägungsgründe 2 und 12 der Marktmissbrauchsrichtlinie sowie EuGH, Urt. v. 22.11.2005 – Rs. C-384/02, Rn. 33, NJW 2006, 133, 134.
196 Vgl. *Sethe*, ZBB 2006, 243, 245.

Rechtfertigungsgrund eine entsprechende Auslegung zulässt. Andernfalls kann sich das Ergebnis dieser Prüfung aus verfassungsrechtlichen Erwägungen nicht auf die strafrechtliche Verantwortlichkeit des Weitergebenden auswirken. Das Fehlen des engen Zusammenhangs oder der Unerlässlichkeit könnte dann nämlich allenfalls im Wege einer teleologischen Reduktion des einschlägigen Rechtfertigungsgrundes berücksichtigt werden. Eine teleologische Reduktion von Rechtfertigungsgründen ist jedoch im Strafrecht wegen des in Art. 103 Abs. 2 GG und § 1 StGB niedergelegten Gesetzlichkeitsprinzips nicht zulässig[197] und wird vom europäischen Gemeinschaftsrecht auch nicht gefordert. So endet die Pflicht zur richtlinienkonformen Auslegung dort, wo eine strafrechtliche Verantwortlichkeit auf der Grundlage einer Richtlinie und unabhängig von einer zu ihrer Durchführung erlassenen Regelung begründet oder verschärft würde[198]. Die hier vertretene Auffassung wird schließlich auch dem Ansatz des europäischen Normgebers gerecht, dass jede Weitergabe von Insiderinformationen das Anlegervertrauen und mithin die Funktionsfähigkeit der Wertpapiermärkte im Sinne einer abstrakten Gefährdung beeinträchtige. Denn dadurch, dass bereits die Weitergabe einer Insiderinformation als Unrechtstypus des § 14 Abs. 1 Nr. 2 angesehen wird, wird gerade zum Ausdruck gebracht, dass bereits dieses Verhalten zu einer Beeinträchtigung des geschützten Rechtsguts führt. Letzteres entspricht im Übrigen nicht nur dem Standpunkt des europäischen Normgebers, sondern auch der im Schrifttum verbreiteten Einordnung des insiderrechtlichen Weitergabeverbots als abstraktes Gefährdungsdelikt[199]. So wird unter Hinweis auf diese Einordnung zu Recht davon ausgegangen, dass die strafrechtliche Verantwortlichkeit des Weitergebenden nicht davon abhänge, ob die weitergegebene Insiderinformation tatsächlich von einem anderen zur Kenntnis genommen werde[200]. Gleichermaßen zutreffend wird es als unerheblich

---

197 *Rüping*, in: BK-GG, Art. 103 Abs. 2 Rn. 50; *Kunig*, in: v. Münch/Kunig, GG, Art. 103 Rn. 26; *Schmitz*, in: MünchKomm-StGB, § 1 Rn. 13; *Eser/Hecker*, in: Schönke/Schröder, StGB, § 1 Rn. 13.

198 EuGH, Urt. v. 22.11.2005 – Rs. C-384/02, Rn. 30, NJW 2006, 133, 134; Urt. v. 12.12.1996 – verb. Rs. C-74/95 u. C-129/95, Rn. 24 f., EuZW 1997, 506, 508; *Streinz*, Europarecht, S. 178.

199 Vgl. *Vogel*, in: Assmann/Schneider, WpHG, vor § 38 Rn. 19; *Altenhain*, in: Köln-Komm-WpHG, § 38 Rn. 34; *Mennicke*, in: Fuchs, WpHG, vor § 12 Rn. 135; *Waßmer*, in: Fuchs, WpHG, § 38 Rn. 5; *Hilgendorf*, in: Park, Kapitalmarktstrafrecht, S. 346; *Sethe*, ZBB 2006, 243, 245 f.

200 *Mennicke*, in: Fuchs, WpHG, § 14 Rn. 189, 193; *Lücker*, Straftatbestand, S. 107; *Schröder*, in: Achenbach/Ransiek, Handbuch Wirtschaftsstrafrecht, S. 1188; *Sethe*, ZBB 2006, 243, 248 f.; **a.A.** *Assmann*, in: Assmann/Schneider, WpHG, § 14

angesehen, ob die weitergegebene Information für den konkreten Empfänger neu ist[201]. Umso verwunderlicher ist es, dass die Einordnung des insiderrechtlichen Weitergabeverbots als abstraktes Gefährdungsdelikt bei der Frage nach der Bedeutung des Merkmals „unbefugt" bisher unberücksichtigt geblieben ist. Denn angesichts der Einordnung der Weitergabe einer Insiderinformation als abstrakt gefährliches Verhalten liegt es eigentlich nahe, dieses Verhalten als Unrechtstypus des Weitergabeverbots anzusehen und eine im konkreten Einzelfall bestehende Weitergabebefugnis der Rechtfertigungsebene zuzuordnen.

c) Zwischenergebnis

Dem Merkmal „unbefugt" kommt im Rahmen des § 14 Abs. 1 Nr. 2 keine tatbestandsbegrenzende Bedeutung zu. Es ist in dieser Vorschrift vielmehr als bloßer Hinweis auf die Möglichkeit einer Rechtfertigung des grundsätzlich missbilligten Mitteilens oder Zugänglichmachens von Insiderinformationen zu verstehen.

2. *Rechtfertigung der Weitergabe im Rahmen einer Due Diligence*

Angesichts der Einordnung des Merkmals „unbefugt" als Hinweis auf eine mögliche Rechtfertigung stellt sich die Frage, ob die im Zuge einer Due Diligence erfolgende Weitergabe von Insiderinformationen durch einen Rechtfertigungsgrund gedeckt ist.

a) Gemeinschaftsrechtlicher Ausnahmetatbestand

Es ließe sich erwägen, den in Art. 3 lit. a der Marktmissbrauchsrichtlinie enthaltenen Ausnahmetatbestand als Rechtfertigungsgrund anzusehen und somit zu prüfen, ob Personen, die im Zuge einer Due Diligence Insiderinformationen weitergeben, „im normalen Rahmen der Ausübung ihrer Arbeit oder ihres Berufes oder der Erfüllung ihrer Aufgaben" handeln.

Rn. 69; *Schwark/Kruse*, in: Schwark/Zimmer, KMRK, § 14 WpHG Rn. 42; *Schäfer*, in: Schäfer/Hamann, Kapitalmarktgesetze, § 14 WpHG Rn. 21; *Hilgendorf*, in: Park, Kapitalmarktstrafrecht, S. 335; *Lenenbach*, Kapitalmarktrecht, Rn. 13.154; *Gimnich*, Insiderhandelsverbot, S. 135, 149; *Koch*, Due Diligence, S. 163.

201 *Mennicke*, in: Fuchs, WpHG, § 14 Rn. 195; *Schäfer*, in: Schäfer/Hamann, Kapitalmarktgesetze, § 14 WpHG Rn. 22; *Lenenbach*, Kapitalmarktrecht, Rn. 13.154; *Sethe*, ZBB 2006, 243, 249; **a.A.** *Assmann*, in: Assmann/Schneider, WpHG, § 14 Rn. 70; *Schwark/Kruse*, in: Schwark/Zimmer, KMRK, § 14 WpHG Rn. 44; *Gimnich*, Insiderhandelsverbot, S. 150; *Koch*, Due Diligence, S. 163.

Ein derartiges Vorgehen scheitert hingegen bereits daran, dass die Voraussetzungen für eine unmittelbare Anwendung des Art. 3 lit. a der Marktmissbrauchsrichtlinie nicht gegeben sind. Die unmittelbare Anwendung einer Richtlinienvorschrift erfordert unter anderem eine fehlende oder mangelhafte Umsetzung[202]. Diese Voraussetzung liegt im Hinblick auf Art. 3 lit. a der Marktmissbrauchsrichtlinie nicht vor, da die Richtlinienvorschrift durch § 14 Abs. 1 Nr. 2 korrekt umgesetzt wurde. Ferner könnte eine unmittelbare Anwendung des Art. 3 lit. a der Marktmissbrauchsrichtlinie gar nicht ohne Weiteres zu einer Rechtfertigung führen. Erforderlich wäre dafür vielmehr das zusätzliche Eingreifen eines Rechtfertigungsgrundes nach deutschem Recht, weil der in Art. 3 lit. a der Marktmissbrauchsrichtlinie enthaltene Ausnahmetatbestand wie gesehen dahingehend auszulegen ist, dass zunächst eine Erlaubnis zur Weitergabe nach dem jeweils anwendbaren nationalen Recht gegeben sein muss[203]. Insofern unterschiede sich die Prüfung des gemeinschaftsrechtlichen Ausnahmetatbestands auf Rechtfertigungsebene im Übrigen von der Vorgehensweise der herrschenden Meinung, die den gemeinschaftsrechtlichen Ausnahmetatbestand zur Konkretisierung des Merkmals „unbefugt" auf Tatbestandsebene heranzieht. Denn im Rahmen einer Prüfung des gemeinschaftsrechtlichen Ausnahmetatbestands auf Tatbestandsebene wäre auf der ersten Stufe nicht nach einer gestattenden Gegennorm, sondern nach einschlägigen Verbotsnormen außerhalb des § 14 Abs. 1 Nr. 2 zu fragen.

b) Gesetzliche Mitteilungspflicht

Ein Fall der gerechtfertigten Weitergabe von Insiderinformationen liegt vor, wenn Insiderinformationen in Erfüllung einer gesetzlichen Verpflichtung weitergegeben werden[204]. Die im Zuge einer Due Diligence erfolgende Weitergabe von Insiderinformationen ist jedoch nicht aufgrund einer gesetzlichen Mitteilungspflicht gerechtfertigt. Eine Rechtfertigung ergibt sich zunächst nicht aus § 93 Abs. 1 AktG, da diese Vorschrift gerade keine Mitteilungspflicht, sondern eine Sorgfalts- und Verschwiegenheitspflicht regelt, die neben dem insiderrechtlichen

---

202 EuGH, Urt. v. 26.02.1986 – Rs. 152/84, Rn. 46, NJW 1986, 2178, 2180; *Ruffert*, in: Calliess/Ruffert, EUV/AEUV, Art. 288 AEUV Rn. 52; *Streinz*, Europarecht, S. 174 f.
203 EuGH, Urt. v. 22.11.2005 – Rs. C-384/02, Rn. 39 f., 46 f., NJW 2006, 133, 134 f.
204 Einen Tatbestandsausschluss annehmend *Assmann*, in: Assmann/Schneider, WpHG, § 14 Rn. 80; *Mennicke*, in: Fuchs, WpHG, § 14 Rn. 223; *Lücker*, Straftatbestand, S. 110; *Sethe*, ZBB 2006, 243, 250; *Süßmann*, AG 1999, 162, 164. Vgl. auch Erwägungsgrund 14 der Insiderrichtlinie.

Weitergabeverbot des § 14 Abs. 1 Nr. 2 zu beachten ist[205]. Darüber hinaus kann auch § 131 AktG die Weitergabe von Insiderinformationen im Rahmen einer Due Diligence nicht rechtfertigen. Zwar kann ein Kaufinteressent, der bereits Aktionär der Zielgesellschaft ist, unter den Voraussetzungen dieser Vorschrift Auskunft über Angelegenheiten der Gesellschaft verlangen. Eine Rechtfertigung der hier in Rede stehenden Weitergabe scheidet aber schon deshalb aus, weil das Auskunftsrecht des § 131 Abs. 1 Satz 1 AktG räumlich und zeitlich auf die Hauptversammlung beschränkt ist. Zudem ließe sich selbst durch eine tatsächliche Verlagerung von Teilaspekten der Due Diligence in eine Hauptversammlung keine gem. § 131 AktG gerechtfertigte Weitergabe von Insiderinformationen herbeiführen. Denn zum einen kann § 131 Abs. 1 AktG prinzipiell nicht als Rechtfertigungsgrund angesehen werden[206]. Das folgt aus § 131 Abs. 3 Satz 1 Nr. 5 AktG, da die von dieser Vorschrift erkennbar für möglich gehaltene Strafbarkeit der Auskunftserteilung von vornherein ausgeschlossen wäre, wenn § 131 Abs. 1 AktG eine rechtfertigende Wirkung entfalten würde. Und zum anderen ergibt sich aus § 131 AktG im Ergebnis keine Pflicht zur Weitergabe von Insiderinformationen[207]. Denn der besagte § 131 Abs. 3 Satz 1 Nr. 5 AktG gestattet dem Vorstand insofern eine Auskunftsverweigerung, da sich der Vorstand durch die Weitergabe von Insiderinformationen gem. §§ 38 Abs. 1 Nr. 2 lit. a, 39 Abs. 2 Nr. 3, 14 Abs. 1 Nr. 2 strafbar machen würde. So wäre die Weitergabe von Insiderinformationen durch den Vorstand an die Aktionäre in der Hauptversammlung nach der hier vertretenen Auffassung zur Bedeutung des Merkmals „unbefugt" ohne Weiteres tatbestandsmäßig. Ferner wäre die Weitergabe nicht gem. § 131 Abs. 1 AktG gerechtfertigt, da diese Vorschrift wie soeben ausgeführt keinen Rechtfertigungsgrund verkörpert.

Diese dogmatisch nachvollziehbare Herleitung eines Auskunftsverweigerungsrechts des Vorstands gem. § 131 Abs. 3 Satz 1 Nr. 5 AktG bestätigt im Übrigen das

---

205 Anders *Assmann*, in: Assmann/Schneider, WpHG, § 14 Rn. 113; *Mennicke*, in: Fuchs, WpHG, § 14 Rn. 307 f., die eine insiderrechtliche Weitergabebefugnis auf Tatbestandsebene bejahen, wenn die Informationsweitergabe aktienrechtlich zulässig ist. Vgl. auch *Assmann*, ZHR 172 (2008), 635, 652.

206 *Kubis*, in: MünchKomm-AktG, § 131 Rn. 131.

207 Ebenso *Assmann*, in: Assmann/Schneider, WpHG, § 14 Rn. 87; *Mennicke*, in: Fuchs, WpHG, § 14 Rn. 279; *Schwark/Kruse*, in: Schwark/Zimmer, KMRK, § 14 WpHG Rn. 52; *Kubis*, in: MünchKomm-AktG, § 131 Rn. 128; *Hopt*, in: Bankrechts-Handbuch, § 107 Rn. 59; *Kümpel*, Bank- und Kapitalmarktrecht, S. 2047; *Assmann*, AG 1997, 50, 57; *Joussen*, DB 1994, 2485, 2488; **a.A.** *Lücker*, Straftatbestand, S. 110 f.; *Benner-Heinacher*, DB 1995, 765, 766.

hier befürwortete Verständnis des Merkmals „unbefugt". Denn bei Zugrundelegung der Gegenansicht ergibt sich im Zusammenhang mit § 131 AktG der von *Sethe*[208] zutreffend aufgezeigte Zirkelschluss, der sich folgendermaßen darstellt: Die Gegenansicht versteht das Merkmal „unbefugt" als Tatbestandsmerkmal und prüft im Rahmen dieses Merkmals eine etwaige Auskunftspflicht des Vorstands aus § 131 AktG. Bei der Prüfung der Auskunftspflicht ist § 131 Abs. 3 Satz 1 Nr. 5 AktG zu berücksichtigen, der die Strafbarkeit der Auskunftserteilung voraussetzt. Ob die Auskunftserteilung zu einem strafbaren Verstoß gegen das insiderrechtliche Weitergabeverbot führen würde, steht aber noch nicht fest, sondern hängt wiederum davon ab, ob das Merkmal „unbefugt" erfüllt ist.

c) Vorvertragliche Aufklärungspflicht

Eine in der Literatur verbreitete Auffassung geht von einer befugten Weitergabe aus, wenn ein verkaufswilliger Aktionär der Zielgesellschaft Insiderinformationen, die die Zielgesellschaft betreffen, an einen Kaufinteressenten weitergibt[209]. Die Weitergabebefugnis im Hinblick auf negativ wirkende Insiderinformationen soll sich in dieser Konstellation aus einer vorvertraglichen Aufklärungspflicht des potentiellen Verkäufers ergeben[210].

Vor diesem Hintergrund ist zu prüfen, ob sich die im Zuge einer Due Diligence erfolgende Weitergabe von Insiderinformationen durch Mitarbeiter der Zielgesellschaft an das Due Diligence-Team des Kaufinteressenten mit einer vorvertraglichen Aufklärungspflicht rechtfertigen lässt. Als Grundlage für eine vorvertragliche Aufklärungspflicht kommt § 241 Abs. 2 BGB in Betracht[211]. Das danach zu fordernde vorvertragliche Schuldverhältnis zwischen der Zielgesellschaft und dem Kaufinteressenten liegt unzweifelhaft vor, wenn der die Due Diligence durchführende Kaufinteressent den Erwerb der Wirtschaftsgüter der Zielgesellschaft (sog. Asset Deal) beabsichtigt. In diesem Fall ist nämlich von der Anbahnung eines Vertrages zwischen der Zielgesellschaft und dem Kaufinteressenten gem. § 311 Abs. 2 Nr. 2 BGB auszugehen. An einem vorvertraglichen

---

208 *Sethe*, ZBB 2006, 243, 251.
209 *Assmann*, in: Assmann/Schneider, WpHG, § 14 Rn. 164 a.E., 166; *Mennicke*, in: Fuchs, WpHG, § 14 Rn. 312; *Ziemons*, AG 1999, 492, 499; *Süßmann*, AG 1999, 162, 164; *Assmann*, AG 1997, 50, 56; *Schmidt-Diemitz*, DB 1996, 1809, 1810 f.; **a.A.** *Weimann*, DStR 1998, 1556, 1560 f.
210 *Mennicke*, in: Fuchs, WpHG, § 14 Rn. 312; *Süßmann*, AG 1999, 162, 164; *Assmann*, AG 1997, 50, 56; *Schmidt-Diemitz*, DB 1996, 1809, 1811. Vgl. auch *Assmann*, in: Assmann/Schneider, WpHG, § 14 Rn. 166.
211 Vgl. nur *Grüneberg*, in: Palandt, § 241 Rn. 7.

Schuldverhältnis zwischen der Zielgesellschaft und dem Kaufinteressenten kann es hingegen fehlen, wenn der Kaufinteressent die Due Diligence zur Vorbereitung eines Beteiligungskaufs (sog. Share Deal) durchführt. Denn ein vorvertragliches Schuldverhältnis entsteht vorbehaltlich der Regelung des § 311 Abs. 3 BGB nur zwischen Personen, die Vertragspartei werden sollen, und bei einem Share Deal ist die Zielgesellschaft nicht Partei des Kaufvertrages. Dieser kommt vielmehr zwischen einem Aktionär der Zielgesellschaft und einem Dritten zustande[212].

Liegt ein vorvertragliches Schuldverhältnis zwischen der Zielgesellschaft und dem Kaufinteressenten vor, so stellt sich die Frage, ob die Zielgesellschaft zur Erfüllung einer aus § 241 Abs. 2 BGB folgenden Aufklärungspflicht auch Insiderinformationen an den Kaufinteressenten weitergeben muss. Eine Aufklärungspflicht besteht, soweit der andere Teil nach Treu und Glauben unter Berücksichtigung der Verkehrsanschauung eine Aufklärung erwarten darf[213]. Angesichts dieser Voraussetzungen kann unter dem Gesichtspunkt einer vorvertraglichen Aufklärungspflicht nicht von einer Pflicht der Zielgesellschaft zur Weitergabe von Insiderinformationen ausgegangen werden[214]. Denn der Kaufinteressent kann von der Zielgesellschaft nach Treu und Glauben unter Berücksichtigung der Verkehrsanschauung nur ein Verhalten erwarten, das von der Rechtsordnung nicht missbilligt wird. Nicht erwarten kann er daher, dass die Mitarbeiter der Zielgesellschaft zum Zwecke der Aufklärung den Tatbestand einer Strafnorm verwirklichen[215]. Genau das wäre aber der Fall, wenn die Mitarbeiter der Zielgesellschaft Insiderinformationen an das Due Diligence-Team des Kaufinteressenten weitergeben würden, da dieses Verhalten nach der hier vertretenen Auffassung zur Bedeutung des Merkmals „unbefugt" bereits den Tatbestand des § 14 Abs. 1 Nr. 2 erfüllen würde. Damit bleibt festzuhalten, dass sich die im Zuge einer Due Diligence erfolgende Weitergabe von Insiderinformationen nicht mit einer vorvertraglichen Aufklärungspflicht rechtfertigen lässt[216]. Ferner ist darauf hinzuweisen, dass durch das hier befürwortete Verständnis des Merkmals „unbefugt" auch an dieser Stelle ein Zirkelschluss vermieden wird, mit dem die Gegenauffassung zu kämpfen hat. Denn nach der Gegenauffassung ist im Tatbestand des § 14

---

212 Vgl. dazu etwa *Semler*, in: Hölters, Handbuch Unternehmenskauf, S. 710.
213 BGH, NJW-RR 1991, 439, 440; NJW 1989, 1793, 1794; NJW 1989, 763, 764.
214 Vgl. *Steinhauer*, Insiderhandelsverbot und Ad-hoc-Publizität, S. 80 ff.; *Hasselbach*, NZG 2004, 1087, 1090 f.; *Banerjea*, ZIP 2003, 1730, 1734; *Weimann*, DStR 1998, 1556, 1561; *Kaiser*, WM 1997, 1557, 1559.
215 Vgl. *Mennicke*, in: Fuchs, WpHG, § 14 Rn. 436; *Steinhauer*, Insiderhandelsverbot und Ad-hoc-Publizität, S. 81; *Kaiser*, WM 1997, 1557, 1559.
216 **A.A.** für den Fall des Asset Deal wohl *Mennicke*, in: Fuchs, WpHG, § 14 Rn. 313.

Abs. 1 Nr. 2 zu erörtern, ob sich unter dem Gesichtspunkt einer vorvertraglichen Aufklärungspflicht eine Weitergabebefugnis ergibt. Da aber noch nicht feststeht, ob die Weitergabe den Tatbestand des § 14 Abs. 1 Nr. 2 verwirklichen würde, kann nicht beurteilt werden, ob der Kaufinteressent nach Treu und Glauben eine Weitergabe zum Zwecke der Aufklärung erwarten darf[217].

d) Verschwiegenheitspflicht der Informationsempfänger

Es stellt sich die Frage, ob die Weitergabe schon aufgrund einer gesetzlichen oder vertraglichen Verschwiegenheitspflicht der Mitglieder des Due Diligence-Teams des Kaufinteressenten gerechtfertigt sein kann. Im Schrifttum wird die Annahme einer Weitergabebefugnis aufgrund einer gesetzlichen oder vertraglichen Verschwiegenheitspflicht des Informationsempfängers überwiegend abgelehnt[218]. Dieser Auffassung ist im Ergebnis beizupflichten. Nach der hier befürworteten Sichtweise scheitert die Annahme einer Weitergabebefugnis daran, dass eine Verschwiegenheitspflicht des Informationsempfängers nicht zu einer Rechtfertigung der Weitergabe führt. Von einer Rechtfertigung ist auszugehen, wenn die tatbestandsmäßige Handlung nach einer gestattenden Gegennorm des geschriebenen Rechts oder des Gewohnheitsrechts erlaubt ist[219]. Eine gesetzliche oder vertragliche Bestimmung, aus der sich eine Verschwiegenheitspflicht des Informationsempfängers ergibt, gestattet hingegen nicht die Weitergabe von Insiderinformationen an diese Person[220]. Das folgt bereits daraus, dass sich die Bestimmung nicht an den Weitergebenden, sondern an den Informationsempfänger richtet und dessen Umgang mit erhaltenen Informationen regelt. Eine Rechtfertigung der Weitergabe unter dem Gesichtspunkt einer gesetzlichen oder vertraglichen Verschwiegenheitspflicht der Mitglieder des Due Diligence-Teams des Kaufinteressenten scheidet mithin aus.

e) Einwilligung und mutmaßliche Einwilligung

Die Weitergabe von Insiderinformationen im Zuge einer Due Diligence lässt sich weder mit einer Einwilligung noch mit einer mutmaßlichen Einwilligung

---

217 Vgl. *Banerjea*, ZIP 2003, 1730, 1734.
218 *Assmann*, in: Assmann/Schneider, WpHG, § 14 Rn. 78; *von Falkenhausen/Widder*, BB 2005, 225, 226 f.; *von Falkenhausen/Widder*, BB 2004, 165, 167; *Ziemons*, AG 1999, 492, 497; **a.A.** *Rodewald/Tüxen*, BB 2004, 2249, 2252.
219 BGHSt 2, 194, 195; 11, 241, 244 f.; *Lenckner/Sternberg-Lieben*, in: Schönke/Schröder, StGB, vor § 32 Rn. 27; *Kühl*, in: Lackner/Kühl, StGB, vor § 32 Rn. 2.
220 Vgl. BGHZ 115, 123, 128 f. (zu § 203 StGB); *Lenckner/Eisele*, in: Schönke/Schröder, StGB, § 203 Rn. 21.

rechtfertigen. Diese Rechtfertigungsgründe sind im Rahmen des § 14 Abs. 1 vielmehr gänzlich bedeutungslos[221]. Denn bei Tatbeständen, die ein Rechtsgut der Allgemeinheit schützen, und sei es auch nur neben anderen Rechtsgütern, kommt eine rechtfertigende Einwilligung nicht in Betracht[222]. Das insiderrechtliche Weitergabeverbot schützt ein Rechtsgut der Allgemeinheit, nämlich die Funktionsfähigkeit der Wertpapiermärkte[223].

f) Wahrnehmung berechtigter Interessen

In § 1 Nr. 1 Satz 2 der Insiderhandels-Richtlinien (IHR) von Juni 1988[224], die Teil der Selbstregulierungsbemühungen der am Wertpapierhandel beteiligten Kreise vor Inkrafttreten des WpHG waren, war als Ausnahme von dem in dieser Fassung der IHR erstmals enthaltenen Weitergabeverbot die „Wahrung berechtigter Interessen" genannt. Zur Konkretisierung der Ausnahme wurde teilweise auf § 193 StGB verwiesen, der den Rechtfertigungsgrund der Wahrnehmung berechtigter Interessen regelt[225]. An eine aufgrund der Wahrnehmung berechtigter Interessen zulässige Weitergabe von Insiderinformationen könnte man auch im Rahmen des § 14 Abs. 1 Nr. 2 denken[226]. Eine Rechtfertigung der Weitergabe scheitert hingegen bereits daran, dass § 193 StGB nicht anwendbar ist[227]. Die Vorschrift stellt nämlich keinen allgemeinen Rechtfertigungsgrund dar und gilt nicht für Tatbestände außerhalb des 14. Abschnitts des Besonderen Teils des StGB (Beleidigungsdelikte)[228]. Folglich lässt sich die Weitergabe von Insiderinformationen im Zuge einer Due Diligence nicht mit der Wahrnehmung berechtigter Interessen rechtfertigen.

---

221 *Assmann*, in: Assmann/Schneider, WpHG, § 14 Rn. 178; *Mennicke*, in: Fuchs, WpHG, § 14 Rn. 408; *Schwark/Kruse*, in: Schwark/Zimmer, KMRK, § 14 WpHG Rn. 91.

222 BGHSt 5, 66, 68; 6, 232, 234; 50, 80, 90; 53, 145, 168; OLG Düsseldorf, NJW 1962, 1263, 1263; *Kühl*, in: Lackner/Kühl, StGB, vor § 32 Rn. 13.

223 Vgl. Begr. RegE 2. FFG, BT-Drucks. 12/6679, S. 33, 45, 57; Begr. RegE AnSVG, BT-Drucks. 15/3174, S. 40; *Assmann*, in: Assmann/Schneider, WpHG, § 14 Rn. 7; *Mennicke*, in: Fuchs, WpHG, vor § 12 Rn. 133; *Caspari*, ZGR 1994, 530, 532.

224 Abgedruckt in WM 1988, 1105, 1106 ff.; ZIP 1988, 873, 874 ff.

225 *Hopt*, in: Baumbach/Duden/Hopt, HGB, S. 1471. Ablehnend *Lücker*, Straftatbestand, S. 113 in Fn. 466.

226 Vgl. *Lücker*, Straftatbestand, S. 112 f.

227 Offengelassen von *Lücker*, Straftatbestand, S. 113.

228 RGSt 31, 63, 66; OLG Düsseldorf, NJW 2006, 630, 631; OLG Stuttgart, NStZ 1987, 121, 122; *Hilgendorf*, in: LK-StGB, § 193 Rn. 11; *Lenckner/Eisele*, in: Schönke/Schröder, StGB, § 193 Rn. 3; *Fischer*, StGB, § 193 Rn. 4; *Rudolphi/Rogall*, in: SK-StGB, § 193 Rn. 4.

III. Zwischenergebnis

Geben Mitarbeiter der Zielgesellschaft im Rahmen einer Due Diligence Insiderinformationen an das Due Diligence-Team des Kaufinteressenten weiter, so ist mangels des Eingreifens eines Rechtfertigungsgrundes von einer unbefugten Informationsweitergabe auszugehen.

C. Fazit und strafrechtliche Konsequenzen

Die Weitergabe von Insiderinformationen im Zuge einer Due Diligence stellt sich als unbefugte Informationsweitergabe an „andere" dar und verstößt daher gegen das insiderrechtliche Weitergabeverbot des § 14 Abs. 1 Nr. 2. Das Vorliegen eines Verstoßes gegen § 14 Abs. 1 Nr. 2 hat zur Folge, dass die an der Informationsoffenlegung im Rahmen einer Due Diligence beteiligten Mitarbeiter der Zielgesellschaft Gefahr laufen, sich gem. § 38 Abs. 1 Nr. 2 strafbar zu machen oder eine Ordnungswidrigkeit gem. § 39 Abs. 2 Nr. 3 zu begehen.

Die in § 38 Abs. 1 Nr. 2 lit. a bis d getroffene Bestimmung des Kreises der tauglichen Täter wird einer Strafbarkeit in der Regel nicht entgegenstehen. Denn die an der Informationsoffenlegung beteiligten Mitarbeiter werden entweder als Mitglieder des Geschäftsführungsorgans (§ 38 Abs. 1 Nr. 2 lit. a) oder bestimmungsgemäß aufgrund ihres Berufs, ihrer Tätigkeit oder ihrer Aufgabe (§ 38 Abs. 1 Nr. 2 lit. c) über die fraglichen Informationen verfügen. Auch der von § 38 Abs. 1 Nr. 2 vorausgesetzte Vorsatz wird oftmals gegeben sein, liegt dieser doch bereits vor, wenn der Täter Umstände für möglich hält und billigend in Kauf nimmt, die die Tatbestandsmerkmale erfüllen[229]. Sollte ein an der Informationsoffenlegung beteiligter Mitarbeiter im Einzelfall nicht zum tauglichen Täterkreis des § 38 Abs. 1 Nr. 2 gehören oder sollte es einmal am Vorsatz fehlen, so käme eine Ordnungswidrigkeit nach § 39 Abs. 2 Nr. 3 in Betracht. Denn § 39 Abs. 2 Nr. 3 gilt für jedermann und sanktioniert neben der vorsätzlichen auch die leichtfertige Begehung.

Von einer Rechtfertigung der unter § 38 Abs. 1 Nr. 2 oder § 39 Abs. 2 Nr. 3 fallenden Tat kann nicht ausgegangen werden, da – wie soeben im Rahmen der Erörterung des Merkmals „unbefugt" gesehen – kein Rechtfertigungsgrund eingreift. Auch ist nicht ersichtlich, dass die an der Informationsoffenlegung beteiligten Mitarbeiter sich regelmäßig Umstände vorstellen würden, die die objektiven Voraussetzungen eines Rechtfertigungsgrundes erfüllen würden, wenn sie denn

---

229 Vgl. nur *Vogel*, in: Assmann/Schneider, WpHG, § 38 Rn. 81.

tatsächlich vorlägen. Ein Erlaubnistatbestandsirrtum scheidet damit aus. Jedoch kann die Schuld aufgrund eines unvermeidbaren Verbotsirrtums gem. § 17 Satz 1 StGB ausgeschlossen sein. Ein Verbotsirrtum liegt vor, wenn dem Täter das Unrechtsbewusstsein fehlt. Steht fest, dass den an der Weitergabe von Insiderinformationen im Rahmen einer Due Diligence beteiligten Mitarbeitern der Zielgesellschaft das Unrechtsbewusstsein fehlte, oder ist ihnen dies nicht zu widerlegen, so kommt es darauf an, ob der Irrtum vermeidbar war oder nicht. Ein Verbotsirrtum ist insbesondere dann unvermeidbar, wenn der Täter eine verlässliche unrechtsverneinende Rechtsauskunft eingeholt hat, oder wenn er sich zwar nicht um Auskunft bemüht hat, er jedoch eine verlässliche unrechtsverneinende Rechtsauskunft erhalten hätte[230]. Von Letzterem ist dabei auszugehen, wenn greifbare Anhaltspunkte dafür vorliegen, dass der Täter eine bestimmte Person oder Institution befragt hätte und dass diese ihm eine verlässlich erscheinende, aber unrichtige Rechtsauskunft erteilt hätte[231]. Diese Voraussetzungen dürften bei den seit Veröffentlichung des Emittentenleitfadens der BaFin im Jahre 2005 durchgeführten Due Diligences zumeist erfüllt gewesen sein. Hintergrund ist der Umstand, dass die Weitergabe von Insiderinformationen im Zuge einer Due Diligence in dem Emittentenleitfaden als zulässig angesehen wird, soweit sie im Vorfeld eines öffentlichen Übernahmeangebots erfolgt oder zur Absicherung einer konkreten Erwerbsabsicht bei einem Paket- oder Kontrollerwerb erforderlich ist[232]. Denn diese Verlautbarung im Emittentenleitfaden stellt einen greifbaren Anhaltspunkt dafür dar, dass die BaFin in den typischen Konstellationen einer Due Diligence eine unrechtsverneinende Rechtsauskunft erteilt hätte. Die hypothetische Rechtsauskunft der BaFin erscheint auch verlässlich, weil die BaFin als staatliche Stelle eine vertrauenswürdige Auskunftsinstitution ist[233]. Einen greifbaren Anhaltspunkt dafür, dass gerade die BaFin befragt worden wäre, verkörpert schließlich deren aus § 4 Abs. 2 Satz 1 folgende Zuständigkeit für die Überwachung der Einhaltung der Insiderverbote. Strafrechtliche Konsequenzen für diejenigen Mitarbeiter einer Zielgesellschaft, die in der Zeit seit Veröffentlichung des Emittentenleitfadens an der

---

230 BGH, NJW 1996, 1604, 1606; BGHSt 37, 55, 67; *Vogel*, in: LK-StGB, § 17 Rn. 46, 76 f.; *Sternberg-Lieben*, in: Schönke/Schröder, StGB, § 17 Rn. 18, 22; *Fischer*, StGB, § 17 Rn. 9 ff.
231 *Vogel*, in: LK-StGB, § 17 Rn. 48.
232 Vgl. BaFin, Emittentenleitfaden (4. Auflage 2013), S. 39, 41.
233 Vgl. BGH, NStZ 2000, 364, 364; BGH, NJW 1988, 272, 273; BayObLG, GA 1966, 182, 183; *Vogel*, in: LK-StGB, § 17 Rn. 83; *Sternberg-Lieben*, in: Schönke/Schröder, StGB, § 17 Rn. 18.

Informationsoffenlegung im Zuge einer Due Diligence beteiligt waren, können somit insbesondere aufgrund eines unvermeidbaren Verbotsirrtums gem. § 17 Satz 1 StGB ausgeschlossen sein. Entsprechend verhält es sich hinsichtlich einer möglichen Ordnungswidrigkeit nach § 39 Abs. 2 Nr. 3, da § 11 Abs. 2 OWiG eine dem § 17 Satz 1 StGB vergleichbare Regelung enthält. Die auf eine hypothetische Rechtsauskunft der BaFin gestützte Unvermeidbarkeit eines etwaigen Verbotsirrtums stellt jedoch aus Sicht der Praxis keine verlässliche Grundlage für die Weitergabe von Insiderinformationen im Rahmen einer Due Diligence dar. Denn abgesehen von der Unsicherheit, ob ein Gericht im konkreten Fall tatsächlich von einem unvermeidbaren Verbotsirrtum ausgehen würde, ist zu beachten, dass diese Argumentation lediglich einen temporären Rettungsanker bietet. Ihr wäre nämlich mit Wirkung für die Zukunft der Boden entzogen, wenn die BaFin den Emittentenleitfaden im Sinne des hier befürworteten Ansatzes abändern würde. Dies wäre unumgänglich, wenn in einer höchstrichterlichen Entscheidung von der Tatbestandsmäßigkeit und Rechtswidrigkeit der Weitergabe von Insiderinformationen im Zuge einer Due Diligence ausgegangen werden würde.

D. Auswirkungen auf die Transaktionspraxis

Nach dem soeben Ausgeführten können strafrechtliche Konsequenzen für die an der Informationsoffenlegung im Zuge einer Due Diligence beteiligten Mitarbeiter der Zielgesellschaft zuverlässig nur dadurch vermieden werden, dass keine Insiderinformationen an das Due Diligence-Team des Kaufinteressenten weitergegeben werden. Das dürfte im Hinblick auf börsennotierte Zielgesellschaften zu einem weitgehenden Bedeutungsverlust des Instruments der Due Diligence im Sinne der hier zugrunde gelegten Definition führen[234]. Denn diese Zielgesellschaften werden regelmäßig schon aus Vorsichtsgründen dazu übergehen, die Durchführung einer umfassenden Due Diligence abzulehnen.

Die als Alternative zu einer umfassenden Due Diligence grundsätzlich in Betracht kommende Beschränkung der Due Diligence auf solche Informationen, die keine Insiderinformationen darstellen, dürfte kaum praktikabel sein. Denn die Zielgesellschaft müsste jede zur Weitergabe an das Due Diligence-Team des Kaufinteressenten vorgesehene Information darauf überprüfen, ob es sich um eine Insiderinformation handelt, und gerade diese Prüfung ist in der Praxis oft problematisch. So stellt zwar die von § 13 Abs. 1 Satz 1 vorausgesetzte fehlende

---

234 Zum Due Diligence-Begriff der vorliegenden Arbeit vgl. Zweiter Teil, A. I. 3.

öffentliche Bekanntheit der Information ein vergleichsweise trennscharfes Abgrenzungskriterium dar, sodass sich unter diesem Gesichtspunkt Informationen identifizieren lassen, die ohne Verstoß gegen § 14 Abs. 1 Nr. 2 weitergegeben werden können. Die insiderrechtlich unbedenkliche Weitergabe öffentlich bekannter Informationen durch die Zielgesellschaft erweist sich indessen als weitgehend nutzlos, da dem Kaufinteressenten diese Informationen auch ohne eine Due Diligence unter Beteiligung der Zielgesellschaft zur Verfügung stehen. Das eigentliche Problem besteht somit in der richtigen Einordnung der nicht öffentlich bekannten Informationen, wobei insbesondere oftmals zweifelhaft ist, ob eine bestimmte Information das Merkmal der Kurserheblichkeit gem. § 13 Abs. 1 Satz 1 und 2 erfüllt[235].

Das praktische Problem der Identifizierung von Insiderinformationen wird auch nicht etwa dadurch entschärft, dass die Zielgesellschaft angesichts einer möglichen Ad-hoc-Publizitätspflicht und des von der BaFin im Hinblick auf eine diesbezügliche Selbstbefreiung nach § 15 Abs. 3 postulierten Beschlusserfordernisses[236] ohnehin laufend prüfen muss, ob die bei ihr vorhandenen Informationen als Insiderinformationen einzuordnen sind. Vielmehr ist das besagte Problem in diesem Zusammenhang gleichermaßen virulent, was sich namentlich darin zeigt, dass unter Verweis auf die Unsicherheiten bei der Feststellung einer Insiderinformation teilweise auch eine vorsorgliche Selbstbefreiung für zulässig erachtet wird[237].

Der Umstand, dass den an der Informationsoffenlegung im Zuge einer Due Diligence beteiligten Mitarbeitern einer börsennotierten Zielgesellschaft strafrechtliche Konsequenzen drohen, und der daher insofern zu erwartende Bedeutungsverlust der Due Diligence stellen sich aus rechtspolitischer Sicht als nicht korrekturbedürftig dar. Insbesondere wird der Markt für Unternehmen und Unternehmensbeteiligungen durch diesen Regelungszustand nicht unangemessen beeinträchtigt. Denn der Kaufinteressent kann die zweifellos sinnvolle und aus gesellschaftsrechtlichen Gründen gegebenenfalls gebotene Prüfung der Zielgesellschaft anhand der öffentlich verfügbaren Informationen vornehmen.

---

235 Zum Merkmal der Kurserheblichkeit vgl. Dritter Teil, B. I. 2.
236 Vgl. BaFin, Emittentenleitfaden (4. Auflage 2013), S. 59. Ebenso *Pfüller*, in: Fuchs, WpHG, § 15 Rn. 345; *Widder*, DB 2008, 1480, 1481; *Harbarth*, ZIP 2005, 1898, 1906; *Schneider*, BB 2005, 897, 900. Ablehnend *Assmann*, in: Assmann/Schneider, WpHG, § 15 Rn. 165c; *Zimmer/Kruse*, in: Schwark/Zimmer, KMRK, § 15 WpHG Rn. 54; *Versteegen*, in: KölnKomm-WpHG, § 15 Rn. 171; *Bachmann*, DB 2012, 2206, 2210.
237 Vgl. etwa *Herfs*, DB 2013, 1650, 1655; *Widder*, DB 2008, 1480, 1482 f.

Bei der auf öffentlich verfügbare Informationen beschränkten Prüfung der Zielgesellschaft handelt es sich um ein in der Praxis geläufiges Verfahren. So bezieht sich die Due Diligence bei börsennotierten Zielgesellschaften – möglicherweise aufgrund der hier aufgezeigten insiderrechtlichen Problematik – häufig allein auf öffentlich verfügbare Informationen[238]. Nahezu unvermeidlich ist eine derartige Beschränkung der Prüfung der Zielgesellschaft jedenfalls dann, wenn diese dem ihr mitgeteilten Erwerbsplan ablehnend gegenübersteht. Denn in diesem Fall wird die Zielgesellschaft dem Kaufinteressenten keine Due Diligence gewähren. Entsprechend verhält es sich, wenn der Kaufinteressent aus taktischen Gründen nicht mit der Zielgesellschaft in Kontakt tritt, z.B. um eine Veröffentlichung seines Erwerbsplans durch die Zielgesellschaft zu vermeiden.

---

238   Vgl. *Bingel*, AG 2012, 685, 698 mit Fn. 139.

Fünfter Teil: Berichterstattung und § 14 Abs. 1 Nr. 2 und 3

A. Berichterstattung und Weitergabeverbot

Dem insiderrechtlichen Weitergabeverbot des § 14 Abs. 1 Nr. 2 kommt auch in der Phase der Auswertung und Berichterstattung Bedeutung zu. Haben nämlich Mitglieder des Due Diligence-Teams des Kaufinteressenten im Zuge der Due Diligence (unzulässigerweise) Kenntnis von Insiderinformationen erlangt, so stellt sich die Frage, ob sie diese Informationen im Rahmen ihrer Berichterstattung an die Entscheidungsträger des Kaufinteressenten weitergeben dürfen. Das hängt zunächst davon ab, ob die Entscheidungsträger des Kaufinteressenten im Verhältnis zu den das Due Diligence-Team bildenden Mitarbeitern und externen Beratern als „andere" einzuordnen sind. Sollte das der Fall sein, wäre zu prüfen, ob eine unbefugte Informationsweitergabe gegeben ist.

I. Informationsweitergabe an einen anderen

Die im Ausgangspunkt zutreffende herrschende Meinung sieht jede vom Weitergebenden verschiedene Person als „anderen" i.S.v. § 14 Abs. 1 Nr. 2 an[239]. Nach diesem Verständnis handelt es sich bei den Entscheidungsträgern des Kaufinteressenten im Verhältnis zu den die Informationen weitergebenden Mitgliedern des Due Diligence-Teams ohne Weiteres um „andere".

Bei diesem Ergebnis bleibt es auch nach der hier befürworteten Sichtweise, soweit die Weitergabe von Insiderinformationen durch die externen Berater des Kaufinteressenten in Rede steht. Denn insofern wirken sich die im Rahmen dieser Arbeit hergeleiteten Einschränkungen des Merkmals „anderer" nicht aus. Die Weitergabe durch die externen Berater an die Entscheidungsträger des Kaufinteressenten stellt sich nämlich zum einen nicht als funktionsbezogene Weitergabe unter Beschäftigten derselben privatrechtlich organisierten Personenvereinigung dar[240], weil die externen Berater nicht als Beschäftigte des Kaufinteressenten einzuordnen sind. Zum anderen betreffen die im Rahmen der Berichterstattung weitergegebenen Informationen weder den Kaufinteressenten

---

239   *Assmann*, in: Assmann/Schneider, WpHG, § 14 Rn. 67; *Pawlik*, in: KölnKomm-WpHG, § 14 Rn. 42; *Rothenhöfer*, in: Kümpel/Wittig, Bank- und Kapitalmarktrecht, S. 287.

240   Vgl. Dritter Teil, A.

noch dessen Entscheidungsträger unmittelbar i.S.v. § 15 Abs. 1 Satz 1 Hs. 1[241], da es sich um Informationen über die Zielgesellschaft handeln wird.

Soweit es jedoch um eine Weitergabe von Insiderinformationen durch die dem Due Diligence-Team angehörenden Mitarbeiter des Kaufinteressenten geht, sind die Entscheidungsträger des Kaufinteressenten nach dem hier befürworteten Verständnis nicht als „andere" anzusehen. In dieser Konstellation liegt nämlich eine funktionsbezogene Weitergabe unter Beschäftigten des Kaufinteressenten vor[242]. Der Funktionsbezug ergibt sich daraus, dass die Weitergabe in unmittelbarem Zusammenhang mit der Tätigkeit der Mitarbeiter für den Kaufinteressenten steht.

II. Unbefugte Informationsweitergabe

Auf das Bestehen einer Weitergabebefugnis kommt es nach dem soeben Gesagten nur im Falle einer Weitergabe durch die externen Berater an. Fraglich ist mithin, ob eine solche Weitergabe durch einen Rechtfertigungsgrund gedeckt ist.

Vor Inkrafttreten des WpHG wurde teilweise die Auffassung vertreten, Kreditinstitute und andere mit der Anlageberatung befasste Unternehmen seien grundsätzlich verpflichtet, im Rahmen der Anlageberatung sämtliche Informationen – auch Insiderinformationen – an ihre Kunden weiterzugeben, die für eine informierte Anlageentscheidung notwendig seien[243]. Daran anknüpfend könnte man hinsichtlich der hier in Rede stehenden Problematik auf den Gedanken kommen, eine rechtfertigend wirkende Pflicht der externen Berater zur Weitergabe von Insiderinformationen aus dem Beratungsvertrag mit dem Kaufinteressenten abzuleiten. In Betracht kommt eine vertragliche Nebenpflicht zur Weitergabe von Insiderinformationen nach Maßgabe des § 241 Abs. 2 BGB. Die Annahme einer derartigen Nebenpflicht scheitert hingegen daran, dass der Kaufinteressent von seinen externen Beratern nach Treu und Glauben unter Berücksichtigung der Verkehrsanschauung nicht erwarten kann, dass sie den Tatbestand des § 14 Abs. 1 Nr. 2 verwirklichen[244]. Des Weiteren lässt sich eine gerechtfertigte Weitergabe auch nicht dadurch herbeiführen, dass sich der externe Berater im Beratungsvertrag zur Weitergabe von Insiderinformationen

---

241 Vgl. Dritter Teil, B. II.
242 Vgl. Dritter Teil, A.
243 *Hopt*, Kapitalanlegerschutz, S. 448 ff.; *Schwark*, DB 1971, 1605, 1607.
244 Vgl. Vierter Teil, B. II. 2. c). Ablehnend bezüglich einer Weitergabebefugnis kraft vertraglicher Nebenpflicht auch *Assmann*, in: Assmann/Schneider, WpHG, § 14 Rn. 108.

verpflichtet[245]. Denn unabhängig davon, ob eine derartige Vereinbarung nach § 134 BGB i.V.m. § 14 Abs. 1 Nr. 2 nichtig wäre, steht das vom insiderrechtlichen Weitergabeverbot geschützte Rechtsgut der Funktionsfähigkeit der Wertpapiermärkte nicht zur Disposition der Vertragsparteien, da es sich um ein Rechtsgut der Allgemeinheit handelt.

Auch soweit in der Literatur ein die Weitergabe von Insiderinformationen in Ausnahmefällen rechtfertigendes Nothilferecht des Anlageberaters befürwortet wurde[246], ergibt sich daraus keine Rechtfertigung der hier interessierenden Weitergabe von Insiderinformationen durch die externen Berater an die Entscheidungsträger des Kaufinteressenten. So scheidet eine Rechtfertigung wegen Nothilfe im technischen Sinne des § 32 StGB aus, da die Weitergabe der Insiderinformationen nicht erforderlich ist, um einen gegenwärtigen rechtswidrigen Angriff abzuwehren. Und einer Rechtfertigung wegen Notstandshilfe gem. § 34 StGB steht jedenfalls das Erfordernis der Angemessenheit der Notstandshandlung (§ 34 Satz 2 StGB) entgegen. Dieses Erfordernis schließt ein eigenmächtiges Handeln durch Private aus, wenn die Rechtsordnung für die Lösung des in Rede stehenden Interessenkonflikts ein bestimmtes Verfahren vorsieht[247]. Im Falle der Weitergabe einer den Kurs der Zielgesellschaft eintrübenden Insiderinformation kann dem durch die Weitergabe beeinträchtigten Interesse der Allgemeinheit an der Funktionsfähigkeit der Wertpapiermärkte im Einzelfall das Interesse des Kaufinteressenten oder eines Dritten an der Vermeidung einer wirtschaftlichen Notlage gegenüberstehen. In Betracht kommt etwa das Interesse an der Vermeidung einer Insolvenz oder eines Verlustes von Arbeitsplätzen. Für die Bewältigung wirtschaftlicher Notlagen stellt die Rechtsordnung unter anderem mit der Insolvenzordnung ein besonderes Verfahren zur Verfügung, das ein Eingreifen des § 34 StGB ausschließt[248].

Bezüglich der weiteren in Betracht kommenden Rechtfertigungsgründe kann auf die entsprechenden Ausführungen zur Informationsweitergabe durch die

---

245 Vgl. *Assmann*, in: Assmann/Schneider, WpHG, § 14 Rn. 108.

246 *Canaris*, in: Großkomm.-HGB, Bankvertragsrecht, Rn. 1894; *Heinsius*, ZHR 145 (1981), 177, 194 f.

247 *Günther*, in: SK-StGB, § 34 Rn. 52; *Jescheck/Weigend*, Strafrecht-AT, S. 364; *Jakobs*, Strafrecht-AT, S. 427.

248 *Vogel*, in: Assmann/Schneider, WpHG, § 38 Rn. 85; *Waßmer*, in: Fuchs, WpHG, § 38 Rn. 79; *Jakobs*, Strafrecht-AT, S. 427; vgl. auch BGH, NJW 1976, 680, 681. **A.A.** *Assmann*, in: Assmann/Schneider, WpHG, § 14 Rn. 178; *Mennicke*, in: Fuchs, WpHG, § 14 Rn. 411; *Schwark/Kruse*, in: Schwark/Zimmer, KMRK, § 14 WpHG Rn. 91.

Mitarbeiter der Zielgesellschaft an das Due Diligence-Team verwiesen werden[249]. Festzuhalten bleibt damit, dass vorliegend kein Rechtfertigungsgrund eingreift.

III. Fazit und strafrechtliche Konsequenzen

Geben Mitarbeiter des Kaufinteressenten im Rahmen ihrer Berichterstattung Insiderinformationen an die Entscheidungsträger des Kaufinteressenten weiter, so ist dies mit § 14 Abs. 1 Nr. 2 vereinbar, da keine Informationsweitergabe an „andere" gegeben ist. Eine im Rahmen der Berichterstattung erfolgende Weitergabe von Insiderinformationen durch die externen Berater des Kaufinteressenten stellt sich dagegen als unbefugte Informationsweitergabe an „andere" und mithin als Verstoß gegen § 14 Abs. 1 Nr. 2 dar.

Die hinsichtlich der Mitarbeiter der Zielgesellschaft aufgezeigten strafrechtlichen Risiken[250] bestehen grundsätzlich auch für externe Berater des Kaufinteressenten, die im Rahmen der Berichterstattung Insiderinformationen an die Entscheidungsträger des Kaufinteressenten weitergeben. Insbesondere gehören die externen Berater ebenfalls zum Kreis der tauglichen Täter des § 38 Abs. 1 Nr. 2, weil sie bestimmungsgemäß aufgrund ihres Berufs, ihrer Tätigkeit oder ihrer Aufgabe gem. § 38 Abs. 1 Nr. 2 lit. c über die fraglichen Informationen verfügen[251].

B. Berichterstattung und Empfehlungs- und Verleitungsverbot

Neben dem Weitergabeverbot des § 14 Abs. 1 Nr. 2 ist in der Phase der Auswertung und Berichterstattung das Empfehlungs- und Verleitungsverbot nach § 14 Abs. 1 Nr. 3 zu beachten. Denn im Rahmen seiner Berichterstattung teilt das Due Diligence-Team den Entscheidungsträgern des Kaufinteressenten nicht nur die zusammengetragenen Daten und die daraus gewonnenen Erkenntnisse mit, sondern unterbreitet üblicherweise auch Vorschläge hinsichtlich des weiteren Vorgehens[252]. Hat das Due Diligence-Team im Zuge der Informationsoffenlegung durch die Zielgesellschaft (unzulässigerweise) Kenntnis von Insiderinformationen erlangt und wirkt sich diese Kenntnis auf den Inhalt der Vorschläge aus, so handelt es sich um Vorschläge „auf der Grundlage einer Insiderinformation" i.S.v. § 14 Abs. 1 Nr. 3. Solche Vorschläge verstoßen gegen das

---

249 Vgl. Vierter Teil, B. II. 2.
250 Vgl. Vierter Teil, C.
251 Vgl. *Vogel*, in: Assmann/Schneider, WpHG, § 38 Rn. 30.
252 Vgl. dazu Zweiter Teil, A. III. 3.

Empfehlungs- und Verleitungsverbot, soweit sie als Empfehlungen zum Erwerb oder zur Veräußerung von Insiderpapieren gegenüber einem anderen anzusehen sind.

I. Empfehlung zum Erwerb oder zur Veräußerung von Insiderpapieren

Die Frage, ob die Vorschläge des Due Diligence-Teams als Empfehlungen aufzufassen sind, ist trotz der weiteren in § 14 Abs. 1 Nr. 3 geregelten Begehungsform des „Verleitens auf sonstige Weise" von praktischer Bedeutung. Zwar kommt im Falle des Nichtvorliegens einer Empfehlung stets ein „Verleiten auf sonstige Weise" in Betracht, da die Empfehlung in § 14 Abs. 1 Nr. 3 als spezieller Unterfall des Verleitens ausgestaltet ist[253]. Zu beachten ist jedoch, dass das Merkmal des Verleitens in einem wesentlichen Punkt enger ist als das Merkmal der Empfehlung. Denn während es für das Vorliegen einer Empfehlung nicht darauf ankommt, ob das angeratene Verhalten tatsächlich verwirklicht wird[254], kann von einem Verleiten nur dann ausgegangen werden, wenn die Person, auf die eingewirkt wurde, tatsächlich Insiderpapiere erwirbt oder veräußert[255]. Fehlt es an einer derartigen Transaktion, so liegt allenfalls ein versuchtes Verleiten vor, das zwar für die in § 38 Abs. 1 Nr. 2 genannten Personen gem. § 38 Abs. 3 mit Strafe bedroht ist, aber nach § 23 Abs. 2 StGB milder bestraft werden kann als eine vollendete Tat. Dem lässt sich nicht entgegenhalten, dass das Verleiten in der Gesetzesbegründung zu § 14 Abs. 1 Nr. 3 als „Handlungsalternative" bezeichnet wird, die bereits dann einschlägig sei, wenn der Wille eines anderen durch beliebige Mittel beeinflusst werde[256]. Denn eine vom Verhalten des anderen unabhängige Definition des Verleitens verstößt gegen das aus Art. 103 Abs. 2 GG und § 1 StGB folgende Verbot strafbegründender Analogien, weil sie das Merkmal des Verleitens über den möglichen Wortsinn hinaus ausdehnt[257]. Der Begriff „verleiten" bezeichnet nach allgemeinem Sprachgebrauch nämlich ein Verhalten, durch das jemand

---

253 Vgl. Begr. RegE AnSVG, BT-Drucks. 15/3174, S. 34.

254 *Assmann*, in: Assmann/Schneider, WpHG, § 14 Rn. 120; *Pawlik*, in: KölnKomm-WpHG, § 14 Rn. 63; *Mennicke*, in: Fuchs, WpHG, § 14 Rn. 366; *Schwark/Kruse*, in: Schwark/Zimmer, KMRK, § 14 WpHG Rn. 70; *Koch*, Due Diligence, S. 257.

255 Ebenso *Koch*, Due Diligence, S. 257; **a.A.** BaFin, Emittentenleitfaden (4. Auflage 2013), S. 41; *Assmann*, in: Assmann/Schneider, WpHG, § 14 Rn. 127; *Pawlik*, in: KölnKomm-WpHG, § 14 Rn. 67; *Mennicke*, in: Fuchs, WpHG, § 14 Rn. 380; *Schwark/Kruse*, in: Schwark/Zimmer, KMRK, § 14 WpHG Rn. 70.

256 Begr. RegE AnSVG, BT-Drucks. 15/3174, S. 34.

257 Zum strafrechtlichen Analogieverbot vgl. nur BVerfGE 71, 108, 115 f.; 82, 236, 269; 87, 209, 224.

dazu gebracht wird, etwas bestimmtes zu tun[258]. Neben der Einwirkung auf eine andere Person setzt das Merkmal des Verleitens daher nach seinem natürlichen Wortsinn voraus, dass sich die andere Person tatsächlich im Sinne des Einwirkenden verhält. Ein „erfolgloses" Einwirken auf einen anderen kann mithin nicht als vollendetes Verleiten eingeordnet werden. Dies wird durch einen Blick auf § 160 StGB bestätigt. Denn die in dieser Vorschrift geregelte Verleitung zur Falschaussage ist erst dann vollendet, wenn die Person, auf die eingewirkt wurde, tatsächlich einen falschen Eid leistet, eine falsche Versicherung an Eides Statt abgibt oder eine falsche uneidliche Aussage tätigt[259].

Unter welchen Voraussetzungen von einer Empfehlung i.S.v. § 14 Abs. 1 Nr. 3 auszugehen ist, wird nicht einheitlich beurteilt. Überwiegend wird in Anlehnung an die kartellrechtliche Konkretisierung des Begriffs eine einseitige, rechtlich unverbindliche Erklärung gefordert, durch die jemand in der Absicht, den Willen des Adressaten zu beeinflussen, ein Verhalten als für den Adressaten vorteilhaft bezeichnet und die Verwirklichung dieses Verhaltens anrät[260]. Nach diesem Verständnis wären die Vorschläge des Due Diligence-Teams regelmäßig nicht als Empfehlungen einzuordnen, da es in der Regel an der Absicht der Willensbeeinflussung fehlen würde. Denn die das Due Diligence-Team bildenden Berater unterbreiten ihre Vorschläge, um die vertraglich geschuldete Beratungsleistung zu erbringen. Ob die Entscheidungsträger des Kaufinteressenten den Vorschlägen letztlich folgen, ist für die Berater nicht entscheidend. Die Gegenansicht sieht als Empfehlung i.S.v. § 14 Abs. 1 Nr. 3 jede Erklärung an, durch die jemand ein bestimmtes Verhalten als für den Adressaten vorteilhaft bezeichnet[261]. Diese Voraussetzungen wären bezüglich der Vorschläge des Due Diligence-Teams ohne Weiteres erfüllt.

Der Wortlaut des § 14 Abs. 1 Nr. 3 spricht gegen das von der herrschenden Meinung postulierte Absichtserfordernis, weil unter den Begriff der Empfehlung nach allgemeinem Sprachgebrauch auch solche Ratschläge fallen, die ohne die Absicht der Willensbeeinflussung erteilt werden. Ein Absichtserfordernis könnte sich aus der Entstehungsgeschichte des § 14 Abs. 1 Nr. 3 herleiten lassen. Nach der Gesetzesbegründung soll durch die Regelung „insbesondere verhindert werden, daß

---

258   Duden, Universalwörterbuch, Begriff „verleiten".

259   *Lenckner/Bosch*, in: Schönke/Schröder, StGB, § 160 Rn. 9; *Fischer*, StGB, § 160 Rn. 5.

260   *Assmann*, in: Assmann/Schneider, WpHG, § 14 Rn. 119; *Mennicke*, in: Fuchs, WpHG, § 14 Rn. 366; *Pawlik*, in: KölnKomm-WpHG, § 14 Rn. 63; *Koch*, Due Diligence, S. 210; *Lücker*, Straftatbestand, S. 114; *Krauel*, Insiderhandel, S. 301.

261   *Schröder*, in: Achenbach/Ransiek, Handbuch Wirtschaftsstrafrecht, S. 1190.

der Insider sich eines Dritten bedient oder mit diesem kollusiv zusammenarbeitet, indem er nicht selbst unmittelbar tätig wird, sondern dem Dritten den Erwerb oder die Veräußerung von Insiderpapieren empfiehlt"[262]. Es soll also die bewusste Umgehung der Verbotstatbestände des § 14 Abs. 1 Nr. 1 und 2 im Wege der Einschaltung eines Dritten unmöglich gemacht werden[263], was zunächst auf ein Absichtserfordernis hinzudeuten scheint. Durch das Wort „insbesondere" wird jedoch in der zitierten Passage aus der Gesetzesbegründung klar zum Ausdruck gebracht, dass der Anwendungsbereich des § 14 Abs. 1 Nr. 3 nicht auf Fälle beschränkt sein soll, in denen sich der Täter tatsächlich eines Dritten bedient oder mit einem Dritten kollusiv zusammenarbeitet[264]. Die Entstehungsgeschichte des § 14 Abs. 1 Nr. 3 liefert somit kein Argument für ein Absichtserfordernis als Bestandteil der Definition der Empfehlung. Ebenso verhält es sich mit dem Zweck des § 14 Abs. 1 Nr. 3, der übereinstimmend mit den beiden anderen Verbotstatbeständen des § 14 Abs. 1 im Schutz der Funktionsfähigkeit der Wertpapiermärkte besteht[265]. Denn ein auf Insiderwissen beruhender „Tipp" zum Erwerb oder zur Veräußerung von Insiderpapieren begründet unabhängig von den Zielen des „Tippgebers" eine abstrakte Gefährdung des für die Funktionsfähigkeit der Wertpapiermärkte essentiellen Anlegervertrauens. Aus diesem Grund sind „Insidertipps" an Freunde und Bekannte, bei denen es dem „Tippgeber" oftmals nicht auf die tatsächliche Umsetzung ankommt, auch in Deutschland schon lange vor Inkrafttreten des WpHG als regelungsbedürftig eingestuft worden[266]. Auch die Vertreter der herrschenden Meinung betonen im Übrigen, dass der Begriff der Empfehlung den klassischen „Tipp" erfasse[267]. Damit setzen sie sich jedoch in Widerspruch zu ihrer eigenen Definition der Empfehlung, weil das in dieser Definition enthaltene Absichtserfordernis bei konsequenter Anwendung dazu führen würde, dass „Tipps" regelmäßig nicht vom Begriff der Empfehlung erfasst werden würden.

---

262 Begr. RegE 2. FFG, BT-Drucks. 12/6679, S. 47 f.
263 *Assmann*, in: Assmann/Schneider, WpHG, § 14 Rn. 118; *Mennicke*, in: Fuchs, WpHG, § 14 Rn. 360, 377; *Eggenberger*, due-diligence Prüfung, S. 328; *Lücker*, Straftatbestand, S. 115; *Assmann*, AG 1994, 237, 247 f.
264 Vgl. *Mennicke*, in: Fuchs, WpHG, § 14 Rn. 377; *Hopt*, in: Bankrechts-Handbuch, § 107 Rn. 64.
265 Vgl. *Assmann*, in: Assmann/Schneider, WpHG, § 14 Rn. 7; *Pawlik*, in: KölnKomm-WpHG, § 14 Rn. 3; *Mennicke*, in: Fuchs, WpHG, vor § 12 Rn. 133.
266 Vgl. *Hopt/Will*, Europäisches Insiderrecht, S. 78.
267 *Assmann*, in: Assmann/Schneider, WpHG, § 14 Rn. 119; *Mennicke*, in: Fuchs, WpHG, § 14 Rn. 366; *Rothenhöfer*, in: Kümpel/Wittig, Bank- und Kapitalmarktrecht, S. 294.

Im Ergebnis ist mithin entgegen der herrschenden Meinung davon auszugehen, dass eine Empfehlung i.S.v. § 14 Abs. 1 Nr. 3 keine Absicht der Willensbeeinflussung voraussetzt. Die Vorschläge des Due Diligence-Teams im Rahmen der
Berichterstattung stellen daher Empfehlungen dar. Weil es sich bei den Aktien
der Zielgesellschaft in der hier untersuchten Konstellation um Insiderpapiere
i.S.v. § 12 Satz 1 Nr. 1 handelt, haben diese Empfehlungen den Erwerb von Insiderpapieren zum Gegenstand, wenn ein als Share Deal ausgestalteter Kauf der
Zielgesellschaft oder ein sonstiger Kauf einer Beteiligung an dieser vorgeschla-
gen wird. Auch in dem Vorschlag, einen Unternehmenskauf im Wege des Asset
Deal durchzuführen, kann eine Empfehlung zum Erwerb von Insiderpapieren
liegen. Voraussetzung dafür ist lediglich, dass zu den Wirtschaftsgütern der Zielgesellschaft auch Insiderpapiere eines anderen Emittenten, etwa einer Tochterge-
sellschaft, gehören. Eine Empfehlung des Due Diligence-Teams zur Veräußerung
von Insiderpapieren ist denkbar, wenn der Kaufinteressent schon vor der Due
Diligence Aktionär der Zielgesellschaft war und die Due Diligence negative Erkenntnisse über die Zielgesellschaft zutage gefördert hat. Der Vorschlag, von
dem ursprünglich geplanten Erwerb abzusehen, stellt jedoch für sich genommen
noch keine Empfehlung zur Veräußerung vorhandener Bestände dar[268].

II. Empfehlung gegenüber einem anderen

Im Schrifttum zum Empfehlungs- und Verleitungsverbot wird das Merkmal
„anderer" in gleicher Weise konkretisiert wie im Rahmen des insiderrechtlichen
Weitergabeverbots. Als „anderer" i.S.v. § 14 Abs. 1 Nr. 3 wird dementsprechend
jede vom Empfehlenden oder Verleitenden verschiedene Person angesehen[269].
Nach dieser Lesart handelt es sich bei den Entscheidungsträgern des Kaufinteressenten im Verhältnis zu den die Empfehlungen aussprechenden Mitgliedern
des Due Diligence-Teams ohne Weiteres um „andere". Zu einem abweichenden
Ergebnis gelangte man, wenn man die im Hinblick auf § 14 Abs. 1 Nr. 2 aus
dem Datenschutzrecht hergeleiteten Einschränkungen des Merkmals „anderer"
auf § 14 Abs. 1 Nr. 3 übertrüge. Denn in diesem Fall wären nur die Empfehlungen der im Due Diligence-Team vertretenen externen Berater als Empfehlungen

---

268 *Schwark/Kruse*, in: Schwark/Zimmer, KMRK, § 14 WpHG Rn. 85. Vgl. auch *Ass-*
    mann, in: Assmann/Schneider, WpHG, § 14 Rn. 122 f.; *Mennicke*, in: Fuchs, WpHG,
    § 14 Rn. 148, 372 f.
269 *Assmann*, in: Assmann/Schneider, WpHG, § 14 Rn. 121, 126; *Mennicke*, in: Fuchs,
    WpHG, § 14 Rn. 364 f.; *Rothenhöfer*, in: Kümpel/Wittig, Bank- und Kapitalmarkt-
    recht, S. 294.

gegenüber einem anderen anzusehen. Hinsichtlich der Empfehlungen der dem Due Diligence-Team angehörenden Mitarbeiter des Kaufinteressenten wären die Entscheidungsträger dagegen nicht als „andere" einzuordnen, da in dieser Konstellation funktionsbezogene Empfehlungen unter Beschäftigten des Kaufinteressenten vorlägen[270].

Für eine Übertragung der hergeleiteten Einschränkungen des Merkmals „anderer" von § 14 Abs. 1 Nr. 2 auf § 14 Abs. 1 Nr. 3 spricht das systematische Verhältnis der beiden Vorschriften, die zur Bestimmung des Adressaten der jeweils untersagten Verhaltensweise übereinstimmend die Wörter „einem anderen" verwenden. Ein weiteres Argument für eine Übertragung ergäbe sich, wenn eine Weitergabe von Insiderinformationen i.S.v. § 14 Abs. 1 Nr. 2 als konkludente Empfehlung oder Verleitung zum Erwerb oder zur Veräußerung von Insiderpapieren i.S.v. § 14 Abs. 1 Nr. 3 aufgefasst werden könnte. Wäre dies nämlich möglich, so würde ein uneinheitliches Verständnis des Merkmals „anderer" in § 14 Abs. 1 Nr. 2 und 3 in bestimmten Fallgestaltungen zu dem wenig überzeugenden Ergebnis führen, dass eine Weitergabe von Insiderinformationen zwar mit § 14 Abs. 1 Nr. 2 vereinbar wäre, aber gleichwohl gegen § 14 Abs. 1 Nr. 3 verstieße. Nach der hier vertretenen Auffassung kann eine Weitergabe von Insiderinformationen indessen nicht als konkludente Empfehlung oder Verleitung i.S.v. § 14 Abs. 1 Nr. 3 angesehen werden, weil § 14 Abs. 1 Nr. 2 insoweit eine abschließende Spezialregelung darstellt[271]. Unter diesem Gesichtspunkt ergibt sich somit kein Argument für eine Übertragung der im Rahmen von § 14 Abs. 1 Nr. 2 hergeleiteten Einschränkungen des Merkmals „anderer" auf § 14 Abs. 1 Nr. 3. Gegen eine solche Übertragung streitet auch der datenschutzrechtliche Ursprung der Einschränkungen. Denn während sich eine an § 3 Abs. 8 Satz 2 BDSG orientierte Auslegung des Merkmals „anderer" im Rahmen von § 14 Abs. 1 Nr. 2 mit der Vergleichbarkeit der Weitergabe von Insiderinformationen mit der Übermittlung personenbezogener Daten begründen lässt, scheidet dieser Ansatz im Falle des § 14 Abs. 1 Nr. 3 aus. Das Datenschutzrecht kennt nämlich keinen mit der Empfehlung oder Verleitung zum Erwerb oder zur Veräußerung von Insiderpapieren vergleichbaren Tatbestand. Eine Übertragung der Einschränkungen des

---

270 Vgl. Dritter Teil, A.

271 Davon zu unterscheiden ist der Fall, in dem der Täter Insiderinformationen weitergibt und zusätzlich dazu eine Empfehlung ausspricht oder auf sonstige Weise verleitet. In diesem Fall können § 14 Abs. 1 Nr. 2 und § 14 Abs. 1 Nr. 3 tateinheitlich verwirklicht sein (vgl. *Schwark/Kruse*, in: Schwark/Zimmer, KMRK, § 14 WpHG Rn. 70; *Gimnich*, Insiderhandelsverbot, S. 162; **a.A.** *Koch*, Due Diligence, S. 212 f., 258).

Merkmals „anderer" von § 14 Abs. 1 Nr. 2 auf § 14 Abs. 1 Nr. 3 begegnet des Weiteren gemeinschaftsrechtlichen Bedenken. § 14 Abs. 1 Nr. 3 beruht auf Art. 3 lit. b der Marktmissbrauchsrichtlinie. Diese Richtlinienbestimmung enthält im Gegensatz zu Art. 3 lit. a der Marktmissbrauchsrichtlinie, der die Grundlage des § 14 Abs. 1 Nr. 2 darstellt, keinen Ausnahmetatbestand für Verhaltensweisen, die sich „im normalen Rahmen" der Ausübung einer Arbeit oder eines Berufes oder der Erfüllung von Aufgaben bewegen[272]. Art. 3 lit. b der Marktmissbrauchsrichtlinie sieht vielmehr ein ausnahmsloses Empfehlungs- und Verleitungsverbot vor. Eine einschränkende Auslegung des Begriffs „anderer" im Rahmen von § 14 Abs. 1 Nr. 3 wäre mit dieser Vorgabe kaum zu vereinbaren. Damit ist im Ergebnis davon auszugehen, dass die im Hinblick auf § 14 Abs. 1 Nr. 2 aus dem Datenschutzrecht hergeleiteten Einschränkungen des Merkmals „anderer" nicht auf § 14 Abs. 1 Nr. 3 übertragbar sind.

„Anderer" i.S.v. § 14 Abs. 1 Nr. 3 ist folglich jede vom Empfehlenden oder Verleitenden verschiedene Person. Die Entscheidungsträger des Kaufinteressenten sind daher im Verhältnis zu den Mitgliedern des Due Diligence-Teams als „andere" anzusehen. Das gilt unabhängig davon, ob es sich bei den Mitgliedern des Due Diligence-Teams um externe Berater oder um Mitarbeiter des Kaufinteressenten handelt. Bei den Vorschlägen des Due Diligence-Teams im Rahmen der Berichterstattung handelt es sich somit um Empfehlungen gegenüber einem anderen.

III. Fazit und strafrechtliche Konsequenzen

Schlagen die Mitglieder des Due Diligence-Teams den Entscheidungsträgern des Kaufinteressenten einen als Share Deal ausgestalteten Kauf der Zielgesellschaft oder einen sonstigen Kauf von Anteilen der Zielgesellschaft vor und beruht dieser Vorschlag auf Insiderwissen, so verstoßen sie gegen das Empfehlungs- und Verleitungsverbot des § 14 Abs. 1 Nr. 3.

Der Verstoß der Mitglieder des Due Diligence-Teams gegen § 14 Abs. 1 Nr. 3 wird in der Regel als Straftat nach §§ 38 Abs. 1 Nr. 2, 39 Abs. 2 Nr. 4 einzuordnen sein. Denn die im Due Diligence-Team vertretenen internen und externen Berater des Kaufinteressenten gehören zunächst zum tauglichen Täterkreis des § 38 Abs. 1 Nr. 2, weil sie bestimmungsgemäß aufgrund ihres Berufs, ihrer Tätigkeit oder ihrer Aufgabe gem. § 38 Abs. 1 Nr. 2 lit. c über die in die Empfehlungen

---

272 Darauf im vorliegenden Zusammenhang hinweisend *Eggenberger*, due-diligence Prüfung, S. 327 (zu Art. 3 der Insiderrichtlinie).

eingeflossenen Insiderinformationen verfügen[273]. Des Weiteren wird der von § 38 Abs. 1 Nr. 2 vorausgesetzte Vorsatz oftmals vorliegen. Fehlt es im Einzelfall am Vorsatz oder ist dieser nicht nachweisbar, kommt eine leichtfertig begangene Ordnungswidrigkeit nach § 39 Abs. 2 Nr. 4 in Betracht. Eine Rechtfertigung der unter § 38 Abs. 1 Nr. 2 oder § 39 Abs. 2 Nr. 4 fallenden Tat wird regelmäßig ausscheiden. Insbesondere kann aus dem Beratungsvertrag mit dem Kaufinteressenten keine rechtfertigend wirkende Pflicht der Berater zur Abgabe der Empfehlungen hergeleitet werden. Insofern gilt das im Zusammenhang mit dem Weitergabeverbot des § 14 Abs. 1 Nr. 2 Ausgeführte entsprechend[274]. Ferner sind keine Anhaltspunkte für einen Schuldausschluss aufgrund eines unvermeidbaren Verbotsirrtums ersichtlich. Namentlich die Ausführungen zu § 14 Abs. 1 Nr. 3 im Emittentenleitfaden der BaFin sind insofern unergiebig, da sie sich – im Unterschied zu den die Unvermeidbarkeit eines etwaigen Verbotsirrtums stützenden Ausführungen zu § 14 Abs. 1 Nr. 2[275] – nicht zur Konstellation der Due Diligence verhalten[276].

C. Auswirkungen auf die Transaktionspraxis

Die strafrechtlichen Konsequenzen, die den internen und externen Beratern des Kaufinteressenten im Zusammenhang mit der Berichterstattung drohen, werden den bereits aufgrund der Risiken für die Mitarbeiter der Zielgesellschaft zu erwartenden und aus rechtspolitischer Sicht nicht zu beanstandenden Bedeutungsverlust der Due Diligence[277] noch verstärken. Denn für die Entscheidungsträger des Kaufinteressenten dürfte eine Due Diligence regelmäßig nur mit Unterstützung durch interne und externe Berater durchführbar sein, und diese werden die Beteiligung an einer Due Diligence bei einer börsennotierten Zielgesellschaft angesichts der drohenden Konsequenzen ablehnen.

Hintergrund ist, dass sich im Falle einer umfassenden Due Diligence bei einer börsennotierten Zielgesellschaft nicht zuverlässig verhindern lässt, dass die Berater des Kaufinteressenten Kenntnis von Insiderinformationen erlangen und Empfehlungen auf der Grundlage dieser Informationen abgeben. Nicht zielführend ist insbesondere eine Vereinbarung zwischen dem Kaufinteressenten und der Zielgesellschaft dahingehend, dass die Zielgesellschaft im Rahmen der Due

---

273 Vgl. *Vogel*, in: Assmann/Schneider, WpHG, § 38 Rn. 20 ff.
274 Vgl. Fünfter Teil, A. II.
275 Vgl. dazu Vierter Teil, C.
276 Vgl. BaFin, Emittentenleitfaden (4. Auflage 2013), S. 41.
277 Vgl. dazu Vierter Teil, D.

Diligence keine Insiderinformationen weitergeben wird. Denn um eine derartige Vereinbarung einhalten zu können, müsste die Zielgesellschaft dazu in der Lage sein, festzustellen, inwieweit es sich bei den zur Weitergabe an das Due Diligence-Team des Kaufinteressenten vorgesehenen Informationen um Insiderinformationen handelt. Gerade die Identifizierung von Insiderinformationen ist jedoch in der Praxis problematisch[278]. Aus diesem Grund sind auch organisatorische Vorkehrungen des Kaufinteressenten letztlich kaum geeignet, die Abgabe von auf Insiderwissen beruhenden Empfehlungen durch seine Berater zu vermeiden. Das gilt namentlich in Bezug auf ein im anglo-amerikanischen Rechtsraum teilweise praktiziertes Verfahren, bei dem sämtliche von der Zielgesellschaft für die Due Diligence zur Verfügung gestellten Unterlagen zunächst von externen Beratern, die nicht dem Due Diligence-Team angehören, im Hinblick auf Insiderinformationen gesichtet werden[279].

---

278 Vgl. Vierter Teil, D.
279 Vgl. dazu *Klie*, Zulässigkeit einer Due Diligence, S. 154 ff.; *Hasselbach*, NZG 2004, 1087, 1092.

Sechster Teil: Transaktionsverhalten und § 14 Abs. 1 Nr. 1

Sind die ursprünglich von der Zielgesellschaft gegenüber dem Due Diligence-Team offengelegten Insiderinformationen im Zuge der Berichterstattung an die Entscheidungsträger des Kaufinteressenten weitergegeben worden, so ist vorerst das Ende der Informationskette erreicht. Nunmehr rückt die Frage in den Vordergrund, inwieweit das in Kenntnis der Insiderinformationen erfolgende Transaktionsverhalten der vertretungsberechtigten Organmitglieder des Kaufinteressenten mit dem Insiderhandelsverbot des § 14 Abs. 1 Nr. 1 vereinbar ist. Ein Verstoß gegen § 14 Abs. 1 Nr. 1 ist gegeben, wenn sich das Transaktionsverhalten als Erwerb oder Veräußerung von Insiderpapieren unter Verwendung einer Insiderinformation darstellt.

A. Erwerb oder Veräußerung von Insiderpapieren

Da der Wortlaut des § 14 Abs. 1 Nr. 1 sowohl Eigen- als auch Fremdgeschäfte erfasst, kann ein unter diese Vorschrift fallender Erwerb oder eine entsprechende Veräußerung auch darin bestehen, dass eine natürliche Person eine auf die Vornahme einer Transaktion gerichtete Erklärung im Außenverhältnis in Vertretung eines Dritten abgibt. Ein Erwerb von Insiderpapieren i.S.v. § 12 Satz 1 Nr. 1 durch die vertretungsberechtigten Organmitglieder des Kaufinteressenten liegt danach zunächst vor, wenn diese in Vertretung des Kaufinteressenten einen als Share Deal ausgestalteten Kauf der Zielgesellschaft oder einen sonstigen Kauf von Anteilen der Zielgesellschaft tätigen. Sofern zu den Wirtschaftsgütern der Zielgesellschaft Insiderpapiere eines anderen Emittenten gehören, ist ein Erwerb von Insiderpapieren darüber hinaus auch bei einem Unternehmenskauf im Wege des Asset Deal denkbar[280]. Zu einer Veräußerung von Insiderpapieren durch die vertretungsberechtigten Organmitglieder des Kaufinteressenten kann es kommen, wenn der Kaufinteressent schon vor der Due Diligence Aktionär der Zielgesellschaft war und die Due Diligence negative Erkenntnisse über die Zielgesellschaft zutage gefördert hat.

---

280 Vgl. Fünfter Teil, B. I. Unzutreffend daher *Eggenberger*, due-diligence Prüfung, S. 303, der davon ausgeht, dass der Verbotstatbestand des § 14 Abs. 1 Nr. 1 ausschließlich Unternehmenskäufe im Wege des Share Deal betreffe, da nur in dieser Konstellation Insiderpapiere übertragen würden.

Sehen die vertretungsberechtigten Organmitglieder des Kaufinteressenten von dem ursprünglich geplanten Erwerb ab, so liegt darin kein unter § 14 Abs. 1 Nr. 1 fallendes Verhalten[281]. Die Vorschrift erfasst nämlich nach ihrem insoweit eindeutigen Wortlaut nicht das durch Insiderwissen bedingte Unterlassen eines Erwerbs oder einer Veräußerung von Insiderpapieren[282]. Die vereinzelt gleichwohl befürwortete Erstreckung des § 14 Abs. 1 Nr. 1 auf diese Konstellation[283] ist mit dem Verbot strafbegründender Analogien nicht zu vereinbaren und lässt sich auch nicht mit § 13 StGB begründen. Letzteres ergibt sich bereits daraus, dass es vorliegend nicht um die Tätigung einer Transaktion durch Unterlassen, sondern um das Unterlassen einer Transaktion geht[284].

B. Unter Verwendung einer Insiderinformation

Um zu klären, ob die vertretungsberechtigten Organmitglieder des Kaufinteressenten unter Verwendung einer Insiderinformation handeln, wenn sie in Kenntnis der im Zuge der Due Diligence erlangten Insiderinformationen Insiderpapiere erwerben oder veräußern, ist zunächst die Bedeutung des Merkmals „unter Verwendung" zu ermitteln.

I. Bedeutung des Merkmals „unter Verwendung"

Hinsichtlich der Auslegung des Merkmals „unter Verwendung" besteht Uneinigkeit. Nach herrschender Meinung ist es dahingehend zu verstehen, dass die Kenntnis von einer Insiderinformation ursächlich für den Erwerb oder die

---

281 *Assmann*, in: Assmann/Schneider, WpHG, § 14 Rn. 45; *Klie*, Zulässigkeit einer Due Diligence, S. 123; *Hasselbach*, NZG 2004, 1087, 1091.

282 *Assmann*, in: Assmann/Schneider, WpHG, § 14 Rn. 16; *Pawlik*, in: KölnKomm-WpHG, § 14 Rn. 41; *Mennicke*, in: Fuchs, WpHG, § 14 Rn. 34; *Schwark/Kruse*, in: Schwark/Zimmer, KMRK, § 14 WpHG Rn. 11; *Hopt*, in: Bankrechts-Handbuch, § 107 Rn. 36; *Rothenhöfer*, in: Kümpel/Wittig, Bank- und Kapitalmarktrecht, S. 281 f.; *Lenenbach*, Kapitalmarktrecht, Rn. 13.139; *Klie*, Zulässigkeit einer Due Diligence, S. 123; *Gimnich*, Insiderhandelsverbot, S. 138 f.; *Soesters*, Insiderhandelsverbote, S. 154; *Lücker*, Straftatbestand, S. 95.

283 *Claussen*, Insiderhandelsverbot und Ad hoc-Publizität, Rn. 38 („teleologische Ausweitung"); *Weber*, BB 1995, 157, 166; *Claussen*, DB 1994, 27, 31.

284 Vgl. *Schwark/Kruse*, in: Schwark/Zimmer, KMRK, § 14 WpHG Rn. 11; *Klie*, Zulässigkeit einer Due Diligence, S. 123; *Gimnich*, Insiderhandelsverbot, S. 138 f.

Veräußerung der Insiderpapiere gewesen sein muss[285]. Die Gegenauffassung hält eine Transaktion in Kenntnis einer Insiderinformation für ausreichend[286]. Der Wortlaut des § 14 Abs. 1 Nr. 1 spricht für die herrschende Meinung. Denn der Begriff „Verwendung", der nach allgemeinem Sprachgebrauch einen Einsatz bzw. eine Benutzung bezeichnet[287], deutet darauf hin, dass die Kenntnis der Insiderinformation eine Auswirkung auf die vorgenommene Handlung haben muss und dass ein bloßes Handeln in Kenntnis der Insiderinformation nicht ausreicht[288]. Im Übrigen hätte der Gesetzgeber unschwer auf die Formulierung „in Kenntnis einer Insiderinformation" zurückgreifen können, wenn er den Erwerb oder die Veräußerung von Insiderpapieren in Kenntnis einer Insiderinformation hätte verbieten wollen[289].

Auch die Entstehungsgeschichte streitet für die herrschende Meinung. So ist zunächst zu beachten, dass das Merkmal „unter Verwendung" mit Inkrafttreten des AnSVG an die Stelle der in § 14 Abs. 1 Nr. 1 a.F. enthaltenen Formulierung „unter Ausnutzung" getreten ist. Die Ausnutzung einer Insidertatsache setzte voraus, dass die Kenntnis der Insidertatsache ursächlich für den Erwerb oder die Veräußerung von Insiderpapieren war und dass der Täter beabsichtigte, einen Sondervorteil zu erzielen, den er nicht hätte erlangen können, wenn die betreffende Tatsache öffentlich bekannt gewesen wäre[290]. Die Neufassung des § 14 Abs. 1 Nr. 1 sollte ausweislich der Gesetzesbegründung das Erfordernis eines zweckgerichteten Handelns des Täters aufheben, um Schwierigkeiten bei der Beweisführung zu vermeiden[291]. Für einen Wegfall des Erfordernisses eines Ursachenzusammenhangs zwischen der Informationskenntnis und der Transaktion

---

285 *Assmann*, in: Assmann/Schneider, WpHG, § 14 Rn. 25; *Mennicke*, in: Fuchs, WpHG, § 14 Rn. 52; *Hopt*, in: Bankrechts-Handbuch, § 107 Rn. 37; *Lenenbach*, Kapitalmarktrecht, Rn. 13.140 f.; *Klie*, Zulässigkeit einer Due Diligence, S. 149; *Gimnich*, Insiderhandelsverbot, S. 144; *Koch*, Due Diligence, S. 260; *Schulz*, ZIP 2010, 609, 611; *Cahn*, Der Konzern 2005, 5, 9; *Hasselbach*, NZG 2004, 1087, 1091 f.; *Hemeling*, ZHR 169 (2005), 274, 285; *Fromm-Russenschuck/Banerjea*, BB 2004, 2425, 2426 f.; *Schlitt/Schäfer*, AG 2004, 346, 354; *Brandi/Süßmann*, AG 2004, 642, 645.

286 *Pawlik*, in: KölnKomm-WpHG, § 14 Rn. 25; *Ziemons*, NZG 2004, 537, 540.

287 Duden, Universalwörterbuch, Begriff „verwenden".

288 *Assmann*, in: Assmann/Schneider, WpHG, § 14 Rn. 25; *Fromm-Russenschuck/Banerjea*, BB 2004, 2425, 2426.

289 *Assmann*, in: Assmann/Schneider, WpHG, § 14 Rn. 25; *Koch*, Due Diligence, S. 261.

290 *Assmann/Cramer*, in: Assmann/Schneider, WpHG (3. Aufl.), § 14 Rn. 24, 27; *Schwark*, in: Schwark, KMRK, § 14 WpHG Rn. 13.

291 Begr. RegE AnSVG, BT-Drucks. 15/3174, S. 34.

liegen dagegen keine Anhaltspunkte vor[292]. Vielmehr wird in der Gesetzesbegründung weiter ausgeführt, dass der Täter, um den Tatbestand zu erfüllen, die Insiderinformation „in sein Handeln mit einfließen lassen" müsse[293]. Nun ließe sich zwar durchaus vertreten, dass in das Handeln eines Insiders stets sämtliche Informationen einflössen, von denen er Kenntnis habe[294]. Eine derartige Sichtweise entspräche jedoch nicht dem Willen des Gesetzgebers. Dieser unterscheidet nämlich zwischen dem Einfließenlassen einer Information einerseits und der Informationskenntnis andererseits. So heißt es in der Gesetzesbegründung zu § 14 Abs. 1 Nr. 1, dass die in Kenntnis einer Insiderinformation erfolgende Erfüllung einer Verbindlichkeit, welche in gleicher Weise auch ohne Kenntnis der Insiderinformation erfolgt wäre, für ein Einfließenlassen der Information noch nicht ausreiche[295]. Eine ähnliche Aussage ist darüber hinaus auch schon in der Gesetzesbegründung zu § 14 Abs. 1 Nr. 1 a.F. enthalten. Dort wird ausgeführt, dass ein „Ausnutzen" nicht vorliege, wenn der Händler eines Kreditinstituts weisungsgemäß eine Kundenorder ausführe, solange er bei der Auftragsausführung sein Insiderwissen nicht einfließen lasse[296].

Gegen ein Verständnis des Merkmals „unter Verwendung" im Sinne eines Handelns in Kenntnis einer Insiderinformation spricht ferner Art. 2 Abs. 1 der Marktmissbrauchsrichtlinie, der die gemeinschaftsrechtliche Grundlage des § 14 Abs. 1 Nr. 1 darstellt. Diese Richtlinienbestimmung enthält das Merkmal der „Nutzung" einer Insiderinformation zusätzlich zu dem Erfordernis, dass der Täter über die fragliche Information verfügen muss. Da nun durch den Passus „über eine Information verfügen" die Informationskenntnis beschrieben wird, muss das Merkmal der „Nutzung", wenn es eine eigenständige Bedeutung haben soll, mehr voraussetzen als ein Handeln in Kenntnis einer Insiderinformation[297]. Kein zwingendes Argument für die Einordnung eines solchen Handelns als „Verwendung" liefert Art. 2 Abs. 3 der Marktmissbrauchsrichtlinie, der Geschäfte von dem Erwerbs- und Veräußerungsverbot ausnimmt, die getätigt werden, um einer vor Erhalt der Insiderinformation eingegangenen Erwerbs- oder Veräußerungsverpflichtung nachzukommen. Denn entgegen einer teilweise geäußerten Auffassung muss diese Bestimmung nicht als konstitutive Ausnahme verstanden

---

292 *Cahn*, Der Konzern 2005, 5, 9; *Hemeling*, ZHR 169 (2005), 274, 285.
293 Begr. RegE AnSVG, BT-Drucks. 15/3174, S. 34.
294 So *Pawlik*, in: KölnKomm-WpHG, § 14 Rn. 15.
295 Begr. RegE AnSVG, BT-Drucks. 15/3174, S. 34.
296 Begr. RegE 2. FFG, BT-Drucks. 12/6679, S. 47.
297 *Cahn*, Der Konzern 2005, 5, 9.

werden, die den Schluss auf die grundsätzliche Tatbestandsmäßigkeit eines Handelns in Kenntnis einer Insiderinformation zuließe[298]. Art. 2 Abs. 3 der Marktmissbrauchsrichtlinie kann nämlich auch als reine Klarstellung dahingehend angesehen werden, dass Transaktionen, die nicht auf Insiderwissen beruhen, nicht von dem Erwerbs- und Veräußerungsverbot erfasst werden[299]. In diesem Sinne wird die Vorschrift insbesondere in der Gesetzesbegründung zu § 14 Abs. 1 Nr. 1 verstanden[300].

Für das von der herrschenden Meinung postulierte Ursächlichkeitserfordernis lassen sich schließlich Sinn und Zweck ins Feld führen. Denn eine Erstreckung des Erwerbs- und Veräußerungsverbots auf sämtliche Transaktionen in Kenntnis von Insiderinformationen wäre der von § 14 Abs. 1 Nr. 1 geschützten Funktionsfähigkeit der Wertpapiermärkte nicht nur nicht dienlich, sondern abträglich. So würde eine solche Erstreckung etwa für Personen, die an der Börse Kundengeschäfte ausführen, letztlich ein Verbot ihrer Tätigkeit bewirken, obwohl diese Tätigkeit für das reibungslose Funktionieren der Finanzmärkte legitim und nützlich ist[301].

Im Ergebnis ist daher mit der herrschenden Meinung davon auszugehen, dass ein Erwerb oder eine Veräußerung von Insiderpapieren „unter Verwendung einer Insiderinformation" nur dann vorliegt, wenn die Kenntnis von einer Insiderinformation ursächlich für den Erwerb oder die Veräußerung gewesen ist.

1. Konkretisierung des Ursächlichkeitserfordernisses

Das dem Merkmal „unter Verwendung" innewohnende Ursächlichkeitserfordernis ist erläuterungsbedürftig. Herauszustellen ist zunächst, dass sich dieses Erfordernis grundlegend von dem Merkmal der Kausalität unterscheidet, das im Bereich der strafrechtlichen Erfolgsdelikte zum Tragen kommt. So bezeichnet die bei Erfolgsdelikten zu untersuchende Kausalität einen ursächlichen Zusammenhang des Täterverhaltens mit dem tatbestandlichen Erfolg[302]. Sie ist demzufolge als objektives Tatbestandsmerkmal anzusehen. Bei der im Rahmen des Merkmals „unter Verwendung" relevanten Ursächlichkeit handelt es sich dagegen um ein subjektives Tatbestandsmerkmal, da sie sich als Vorgang in der

---

298 **A.A.** *Ziemons*, NZG 2004, 537, 540.

299 *Fromm-Russenschuck/Banerjea*, BB 2004, 2425, 2427.

300 Begr. RegE AnSVG, BT-Drucks. 15/3174, S. 34.

301 Vgl. EuGH, Urt. v. 23.12.2009 – Rs. C-45/08, Rn. 57, BB 2010, 329, 333.

302 Vgl. nur *Fischer*, StGB, vor § 13 Rn. 20.

Psyche des Täters darstellt[303]. Von einem Vorgang in der Täterpsyche ist auszugehen, weil es letztlich allein darauf ankommt, ob die in der Psyche des Täters
angesiedelte Kenntnis von der Insiderinformation ursächlich für seinen inner-
psychischen Entschluss zur Vornahme der Transaktion gewesen ist. Der Zusammenhang zwischen dem gefassten Entschluss und der sich anschließenden
Vornahme der Transaktion ist nämlich nicht als Ursächlichkeitszusammenhang
im Sinne einer „Verwendung", sondern als bloße Umsetzung des Entschlusses
einzuordnen[304]. Dieses Verständnis entspricht Erwägungsgrund 30 der Marktmissbrauchsrichtlinie, der besagt, dass dem Erwerb oder der Veräußerung von
Finanzinstrumenten notwendigerweise eine entsprechende Entscheidung des
Erwerbers bzw. Veräußerers vorausgehen müsse und dass die Tatsache dieses
Erwerbs oder dieser Veräußerung daher als solche nicht als Verwendung von
Insiderinformationen gelten solle.

Ein Ursächlichkeitszusammenhang zwischen der Kenntnis von einer Insiderinformation und dem Transaktionsentschluss ist gegeben, wenn die Insiderinformation nach Einschätzung des Täters zumindest einer der tragenden
Gründe seiner Entscheidung ist[305]. Eine in diesem Sinne verstandene Mitur-
sächlichkeit ist ausreichend[306]. Der Transaktionsentschluss bezieht sich auf die
Transaktion in ihrer konkreten Ausgestaltung. Insofern sind insbesondere die
Art, der Umfang und die Konditionen maßgeblich.

Der für die „Verwendung" einer Insiderinformation erforderliche Ursächlichkeitszusammenhang ist nicht gegeben, wenn der Täter schon vor Kenntniserlangung von der Insiderinformation zu der später vorgenommenen Transaktion in
ihrer konkreten Ausgestaltung fest entschlossen war[307]. Das kann mit Erkenntnissen zur Anstiftung gem. § 26 StGB begründet werden. So ist im Rahmen des
§ 26 StGB anerkannt, dass der zu einer bestimmten Tat bereits fest Entschlossene

---

303 *Altenhain*, in: KölnKomm-WpHG, § 38 Rn. 42; **a.A.** *Koch*, Due Diligence, S. 262;
    Schulz, ZIP 2010, 609, 610 („objektives Tatbestandsmerkmal"). Vgl. auch *Mennicke*,
    in: Fuchs, WpHG, § 14 Rn. 56 („psychische Kausalität"); *Lenenbach*, Kapitalmarkt-
    recht, Rn. 13.140 („subjektive Kausalität").
304 *Altenhain*, in: KölnKomm-WpHG, § 38 Rn. 44.
305 *Altenhain*, in: KölnKomm-WpHG, § 38 Rn. 42.
306 Vgl. *Schröder*, in: Achenbach/Ransiek, Handbuch Wirtschaftsstrafrecht, S. 1184;
    Hopt, in: Bankrechts-Handbuch, § 107 Rn. 37; *Mennicke*, in: Fuchs, WpHG, § 14
    Rn. 57; *Koch*, Due Diligence, S. 221.
307 Vgl. *Mennicke*, in: Fuchs, WpHG, § 14 Rn. 55; *Koch*, Due Diligence, S. 222.

(*omnimodo facturus*) nicht mehr zu dieser angestiftet werden kann[308]. Dieser Grundsatz lässt sich auf die vorliegende Thematik übertragen, da es hier wie dort darum geht, ob der Tatentschluss auf der Kenntniserlangung von bestimmten Umständen beruht. Ein hinreichend fester Transaktionsentschluss ist in Anlehnung an die Erkenntnisse zu § 26 StGB insbesondere dann abzulehnen, wenn der Täter noch schwankt, die Transaktion vorzunehmen, oder wenn er die Vornahme der Transaktion noch von dem Ergebnis einer Auskunft abhängig macht[309].

2. Keine Ursächlichkeitsvermutung

Der materiellrechtliche Befund, dass ein Ursächlichkeitszusammenhang ausscheidet, wenn der Täter schon vor Kenntniserlangung von der Insiderinformation zu der späteren Transaktion fest entschlossen war, ist von besonderer prozessualer Bedeutung. Er ermöglicht dem wegen einer Tat nach §§ 38 Abs. 1 Nr. 1, 14 Abs. 1 Nr. 1 Beschuldigten nämlich die Behauptung, zu dem fraglichen Geschäft ohnehin entschlossen gewesen und durch die Insiderinformation nicht beeinflusst worden zu sein[310]. Eine Verurteilung setzt dann voraus, dass diese Einlassung zweifelsfrei widerlegt werden kann[311].

Dabei bleibt es auch in Ansehung der vielbeachteten Spector Photo Group-Entscheidung des EuGH[312]. In dieser Entscheidung befasst sich der EuGH mit Art. 2 Abs. 1 der Marktmissbrauchsrichtlinie, der wie bereits erwähnt die gemeinschaftsrechtliche Grundlage des § 14 Abs. 1 Nr. 1 darstellt. Er kommt zu dem Ergebnis, dass unter bestimmten Voraussetzungen eine widerlegliche Vermutung für die „Nutzung" einer Insiderinformation bestehe. Erforderlich für das Eingreifen der Vermutung sei, dass ein Primärinsider ein Geschäft in solchen Finanzinstrumenten tätige, auf die sich sein Insiderwissen beziehe[313]. Zur Begründung seiner Auffassung verweist der EuGH im Wesentlichen auf die „besondere Natur von Insider-Geschäften" und das Bedürfnis nach einer effektiven Ahndung von Verstößen gegen das Insiderhandelsverbot[314]. Er führt des

---

308 BGHSt 45, 373, 374; *Heine*, in: Schönke/Schröder, StGB, § 26 Rn. 7; *Kühl*, in: Lackner/Kühl, StGB, § 26 Rn. 2a; *Fischer*, StGB, § 26 Rn. 4.

309 Vgl. nur *Heine*, in: Schönke/Schröder, StGB, § 26 Rn. 7.

310 Vgl. *Pawlik*, in: KölnKomm-WpHG, § 14 Rn. 23; *Sethe*, ZBB 2006, 243, 245 f.

311 Vgl. nur BVerfGE 63, 380, 392.

312 EuGH, Urt. v. 23.12.2009 – Rs. C-45/08, BB 2010, 329 ff.; dazu etwa *Gehrmann*, ZBB 2010, 48 ff.; *Klöhn*, ECFR 2010, 347 ff.; *Schulz*, ZIP 2010, 609 ff.; *Cascante/Bingel*, NZG 2010, 161 ff.

313 EuGH, Urt. v. 23.12.2009 – Rs. C-45/08, Rn. 54, 62, BB 2010, 329, 333.

314 EuGH, Urt. v. 23.12.2009 – Rs. C-45/08, Rn. 36 f., BB 2010, 329, 331.

Weiteren aus, dass die in Art. 6 Abs. 2 EMRK niedergelegte Unschuldsvermutung seinem Ansatz nicht entgegenstehe[315].

Die Entscheidung des EuGH hat keine Auswirkungen auf die Anwendung der §§ 38 Abs. 1 Nr. 1, 14 Abs. 1 Nr. 1 durch die deutschen Strafgerichte[316]. Insbesondere zwingt sie nicht zu einer richtlinienkonformen Auslegung dahingehend, dass unter den dort genannten Voraussetzungen von einer widerleglichen Vermutung für die „Verwendung" der Insiderinformation im Sinne des hier behandelten Ursächlichkeitszusammenhangs auszugehen wäre. Die Pflicht zur richtlinienkonformen Auslegung endet nämlich dort, wo eine strafrechtliche Verantwortlichkeit auf der Grundlage einer Richtlinie und unabhängig von einer zu ihrer Durchführung erlassenen Regelung begründet oder verschärft würde[317]. Diese Voraussetzungen wären im Falle einer auf eine vermutete, aber tatsächlich nicht gegebene „Verwendung" gestützten Verurteilung erfüllt, da die Wortlautgrenze der §§ 38 Abs. 1 Nr. 1, 14 Abs. 1 Nr. 1 überschritten würde.

Eine auf eine vermutete „Verwendung" gestützte Verurteilung wäre ferner mit der Unschuldsvermutung nach Art. 6 Abs. 2 EMRK, die vom BVerfG als besondere Ausprägung des Rechtsstaatsprinzips eingeordnet wird[318], unvereinbar[319]. Gem. Art. 6 Abs. 2 EMRK gilt jede Person, die einer Straftat angeklagt ist, bis zum gesetzlichen Beweis ihrer Schuld als unschuldig. Indem die Vorschrift auf den „gesetzlichen Beweis" der Schuld abstellt, verweist sie auf das innerstaatliche Recht: Der Schuldnachweis muss dem materiellen Recht und dem Prozessrecht des Staates entsprechen[320]. Eine auf eine vermutete „Verwendung" gestützte Verurteilung wegen einer Tat nach §§ 38 Abs. 1 Nr. 1, 14 Abs. 1 Nr. 1 würde diesen Anforderungen nicht genügen. Sie würde sich mangels des Nachweises der „Verwendung" einer Insiderinformation vielmehr als Verurteilung ohne gesetzlichen Beweis der Schuld darstellen. Der Nachweis der „Verwendung" einer Insiderinformation wäre insbesondere nicht aufgrund der der Marktmissbrauchsrichtlinie entnommenen Vermutung als geführt anzusehen. Zwar schließt Art. 6 Abs. 2

---

315 EuGH, Urt. v. 23.12.2009 – Rs. C-45/08, Rn. 39 ff., BB 2010, 329, 331 f.

316 Ebenso *Gehrmann*, ZBB 2010, 48, 52; *Schulz*, ZIP 2010, 609, 611; **a.A.** wohl *Hopt*, in: Bankrechts-Handbuch, § 107 Rn. 37; unentschieden *Cascante/Bingel*, NZG 2010, 161, 163.

317 EuGH, Urt. v. 22.11.2005 – Rs. C-384/02, Rn. 30, NJW 2006, 133, 134; Urt. v. 12.12.1996 – verb. Rs. C-74/95 u. C-129/95, Rn. 24 f., EuZW 1997, 506, 508; *Streinz*, Europarecht, S. 178.

318 BVerfGE 74, 358, 370.

319 *Gehrmann*, ZBB 2010, 48, 51; *Widder*, WM 2010, 1882, 1886.

320 *Grabenwarter/Pabel*, in: EMRK/GG, Kapitel 14 Rn. 156.

EMRK gesetzliche Regelungen, die unter bestimmten rechtlichen oder tatsächlichen Voraussetzungen eine Vermutung der Schuld des Angeklagten begründen, nicht grundsätzlich aus[321]. Gesetzliche Regelungen in diesem Sinne sind jedoch nach dem oben Gesagten nur solche des innerstaatlichen Rechts, und dem vom Amtsermittlungsgrundsatz geprägten deutschen Strafprozessrecht ist die vom EuGH vertretene Vermutung fremd[322]. Auch der Wortlaut der §§ 38 Abs. 1 Nr. 1, 14 Abs. 1 Nr. 1 sieht eine solche Vermutung nicht vor.

II. Verwendung von Insiderinformationen aus einer Due Diligence

1. Fester Erwerbsentschluss bereits vor der Due Diligence

In der Praxis wird es nur sehr selten vorkommen, dass eine Due Diligence von einem Kaufinteressenten durchgeführt wird, der zum Erwerb bereits fest entschlossen ist[323]. Das wird deutlich, wenn man sich vor Augen führt, dass ein fester Erwerbsentschluss ausscheidet, wenn der Kaufinteressent noch schwankt, die Transaktion vorzunehmen, oder wenn er die Vornahme der Transaktion noch von dem Ergebnis einer Auskunft abhängig macht[324]. Denn diese Beschreibung entspricht der typischen Situation im Vorfeld einer Due Diligence. So besteht zu diesem Zeitpunkt in der Regel nur eine grundsätzliche Neigung zum Erwerb, da der Kaufinteressent sich ja vorbehält, bei abschlusshindernden Erkenntnissen aus der Due Diligence vom Erwerb Abstand zu nehmen[325]. Anders gewendet verfolgt der Kaufinteressent, der regelmäßig nicht die „Katze im Sack" erwerben möchte, mit der Due Diligence typischerweise gerade den Zweck, seine Zweifel an der ins Auge gefassten Transaktion auszuräumen. Die Durchführung einer Due Diligence durch einen zum Erwerb bereits fest Entschlossenen ist jedoch nicht gänzlich ausgeschlossen. So kann sich etwa die Situation ergeben, dass eine Due Diligence nur noch pro forma durchgeführt wird (z.B. um eine mögliche Haftung zu vermeiden) oder nur noch zur Bestimmung der Höhe des Kaufangebots dient.

Nach einer in der Literatur verbreiteten Ansicht scheidet eine „Verwendung" der im Zuge einer Due Diligence erlangten Insiderinformationen aus, wenn der

---

321 *Grabenwarter/Pabel*, in: EMRK/GG, Kapitel 14 Rn. 157.
322 *Gehrmann*, ZBB 2010, 48, 51.
323 Ebenso *Klie*, Zulässigkeit einer Due Diligence, S. 152.
324 Vgl. Sechster Teil, B. I. 1.
325 Vgl. *Pawlik*, in: KölnKomm-WpHG, § 14 Rn. 24; *Dietzel*, in: Semler/Volhard, Arbeitshandbuch für Unternehmensübernahmen, Band 1, S. 351; *Cahn*, Der Konzern 2005, 5, 10; *Hemeling*, ZHR 169 (2005), 274, 285.

getätigte Erwerb dem vor der Due Diligence gefassten Erwerbsplan entspricht. In dieser Konstellation fehle es an einem Ursächlichkeitszusammenhang zwischen der Informationskenntnis und der vorgenommenen Transaktion, da die Erwerbsentscheidung bereits vor Beginn der Due Diligence getroffen werde. Hingegen liege eine „Verwendung" vor, soweit der Kaufinteressent aufgrund der erlangten Insiderinformationen über seinen ursprünglichen Erwerbsplan hinaus zusätzliche Insiderpapiere erwerbe[326].

Unterstellt man, dass es sich bei dem vor der Due Diligence gefassten Erwerbsplan, auf den diese Auffassung abstellt, um einen festen und unverrückbaren Erwerbsentschluss handelt, so verdient die Auffassung Zustimmung. Denn wie bereits ausgeführt, fehlt es an dem für die „Verwendung" einer Insiderinformation erforderlichen Ursächlichkeitszusammenhang, wenn der Täter schon vor Kenntniserlangung von der Insiderinformation zu der später vorgenommenen Transaktion in ihrer konkreten Ausgestaltung fest entschlossen war[327]. Dieser Befund lenkt den Blick auf den Bezugspunkt des Erwerbsentschlusses, die Transaktion in ihrer konkreten Ausgestaltung, und wirft die Frage auf, welche Anforderungen an die Bestimmtheit eines vor der Due Diligence gefassten Erwerbsentschlusses zu stellen sind. Angesichts des Umstands, dass für die konkrete Ausgestaltung einer Transaktion insbesondere deren Art, Umfang und Konditionen maßgeblich sind[328], wird man insofern zunächst verlangen müssen, dass sich der Kaufinteressent hinsichtlich des Gegenstands (Share Deal oder Asset Deal), des Durchführungswegs (z.B. Erwerb über die Börse) und des Umfangs der Transaktion entschieden hat. Bezüglich der Höhe des Kaufpreises bedarf es in Anlehnung an kaufrechtliche Grundsätze zumindest einer Entscheidung des Kaufinteressenten über das Verfahren der Preisbestimmung[329]. Der in diesem Sinne zu einem Erwerb fest Entschlossene kann also eine Due Diligence zur Bestimmung der Höhe seines Kaufangebots durchführen, ohne dass dies bei der späteren Umsetzung des Erwerbsentschlusses zu einer „Verwendung" der im Zuge der Due Diligence erlangten Insiderinformationen führen könnte.

---

326 *Schneider*, DB 2005, 2678, 2678 f.; *Hemeling*, ZHR 169 (2005), 274, 285; *Fromm-Russenschuck/Banerjea*, BB 2004, 2425, 2427 f. Vgl. auch *Schulz*, ZIP 2010, 609, 612; *Assmann*, in: Assmann/Schneider, WpHG, § 14 Rn. 45.

327 Vgl. Sechster Teil, B. I. 1.

328 Vgl. Sechster Teil, B. I. 1.

329 Vgl. nur *Westermann*, in: MünchKomm-BGB, § 433 Rn. 18 f.

2. Kein fester Erwerbsentschluss vor der Due Diligence oder nachträgliche Entschlussänderung

Fasst der Kaufinteressent – wie in der Praxis regelmäßig der Fall[330] – vor der Due Diligence keinen festen Erwerbsentschluss oder ändert sich ein solcher nachträglich[331], so verwendet er eine im Zuge der Due Diligence erlangte Insiderinformation, sofern sie nach seiner Einschätzung zumindest einer der tragenden Gründe seiner Transaktionsentscheidung ist[332].

Das Vorliegen dieser Voraussetzungen kann nicht losgelöst von den Umständen des Einzelfalls beurteilt werden. Eine erste Leitlinie lässt sich dahingehend formulieren, dass ein Ursächlichkeitszusammenhang zwischen der Kenntnis des Kaufinteressenten von einer Insiderinformation und seinem Transaktionsentschluss nicht deshalb ausscheidet, weil der Verkäufer der Insiderpapiere ebenfalls über die betreffende Insiderinformation verfügt[333]. Denn trotz der Kenntnis des Verkäufers kann die Insiderinformation einen tragenden Grund für die Transaktionsentscheidung des Kaufinteressenten darstellen.

Als weitere Leitlinie kann festgehalten werden, dass der besagte Ursächlichkeitszusammenhang auch dann vorliegen kann, wenn die vorgenommene Transaktion nach ihrer konkreten Ausgestaltung mit einer vor der Due Diligence dokumentierten Erwerbsstrategie übereinstimmt. Denkbar ist etwa, dass bei der Due Diligence negative Erkenntnisse zutage treten, die eigentlich zu einem Absehen von der geplanten Transaktion führen würden, und dass diese Erkenntnisse durch eine wertaufhellende Insiderinformation derart ausgeglichen werden, dass letztlich eine dem ursprünglichen Plan entsprechende Transaktion vorgenommen wird. Da der Nachweis eines solchen Zusammenhangs jedoch oftmals nur schwer zu führen sein wird, steht außer Frage, dass das Risiko einer strafrechtlichen Ahndung höher ist, wenn es im Anschluss an die Due Diligence zu einer Transaktion kommt, die von der vor der Due Diligence dokumentierten Erwerbsstrategie abweicht. Als Beispiel sei zunächst der Fall genannt, in dem nach Kenntniserlangung von einer wertaufhellenden Insiderinformation eine größere Anzahl von Insiderpapieren erworben wird als ursprünglich vorgesehen. Ein weiteres Beispiel ist die nach Kenntniserlangung von einer werteintrübenden Insiderinformation und Abstandnahme vom Erwerb erfolgende Veräußerung vorhandener Bestände.

---

330 Vgl. Sechster Teil, B. II. 1.
331 Vgl. dazu Zweiter Teil, A. III. 4.
332 Vgl. Sechster Teil, B. I. 1.
333 Vgl. *Koch*, Due Diligence, S. 264; *Cahn*, Der Konzern 2005, 5, 10 f.

3. Zwischenergebnis

Der zu einem Erwerb fest Entschlossene kann eine Due Diligence durchführen, ohne dass dies bei der späteren Umsetzung seines Erwerbsentschlusses zu einer „Verwendung" der im Zuge der Due Diligence erlangten Insiderinformationen führen könnte. Fasst ein Kaufinteressent hingegen vor der Due Diligence keinen festen Erwerbsentschluss oder ändert sich ein solcher nachträglich, so verwendet er eine im Zuge der Due Diligence erlangte Insiderinformation, sofern sie nach seiner Einschätzung zumindest einer der tragenden Gründe seiner Transaktionsentscheidung ist.

III. Teleologische Reduktion des § 14 Abs. 1 Nr. 1

Kann sich eine Transaktion, die in Kenntnis einer im Zuge der Due Diligence erlangten Insiderinformation vorgenommen wird, somit als Erwerb oder Veräußerung unter Verwendung einer Insiderinformation erweisen, so lässt sich die Frage aufwerfen, ob § 14 Abs. 1 Nr. 1 im Hinblick auf bestimmte Fallgruppen teleologisch zu reduzieren ist.

1. Außerbörslicher Paketerwerb

Soweit im Schrifttum davon ausgegangen wird, dass eine „Verwendung" von Insiderinformationen aus der Due Diligence auch bei einem dem ursprünglichen Erwerbsplan entsprechenden Erwerb in Betracht komme, wird überwiegend eine teleologische Reduktion des § 14 Abs. 1 Nr. 1 für außerbörsliche Paketerwerbe befürwortet[334]. Teilweise wird es dabei ausdrücklich für erforderlich gehalten, dass der Käufer und der Verkäufer des Aktienpakets nach der Due Diligence den gleichen Kenntnisstand haben[335]. Vereinzelt begnügt man sich aber auch mit dem Hinweis, dass die Ergebnisse der Due Diligence aufgrund des persönlichen Kontakts zwischen den Vertragsparteien stets auch dem Verkäufer bekannt würden[336].

---

334 *Pawlik*, in: KölnKomm-WpHG, § 14 Rn. 31 ff.; BaFin, Emittentenleitfaden (4. Auflage 2013), S. 38; *Klie*, Zulässigkeit einer Due Diligence, S. 162 f.; *Gimnich*, Insiderhandelsverbot, S. 177 f.; *Koch*, Due Diligence, S. 271 f.; *Cahn*, Der Konzern 2005, 5, 10 f. Vgl. auch *Fromm-Russenschuck/Banerjea*, BB 2004, 2425, 2428 („insiderrechtlich unbedenklich"); *Diekmann/Sustmann*, NZG 2004, 929, 931 („restriktive Auslegung").

335 BaFin, Emittentenleitfaden (4. Auflage 2013), S. 38; *Cahn*, Der Konzern 2005, 5, 10 f. Vgl. auch *Koch*, Due Diligence, S. 275.

336 *Pawlik*, in: KölnKomm-WpHG, § 14 Rn. 32.

Nach der hier vertretenen Auffassung scheidet eine teleologische Reduktion des § 14 Abs. 1 Nr. 1 für außerbörsliche Paketerwerbe aus. Eine teleologische Reduktion erfordert eine planwidrige Unvollständigkeit des Gesetzes in Gestalt des Fehlens einer Einschränkung[337]. Diese Voraussetzung liegt nicht vor, weil der Gesetzgeber die Fallgruppe des außerbörslichen Paketerwerbs bei der Neufassung des § 14 Abs. 1 Nr. 1 durch das AnSVG bewusst ungeregelt gelassen hat. Das Fehlen einer gesetzlichen Ausnahme vom Erwerbs- und Veräußerungsverbot für den außerbörslichen Paketerwerb stellt sich mit anderen Worten nicht als gesetzgeberisches Versehen, sondern als „beredtes Schweigen" des Gesetzes dar. Dafür sprechen insbesondere die Ausführungen zu dieser Fallgruppe in der Gesetzesbegründung zu § 14 Abs. 1 Nr. 1 a.F. Die betreffende Passage lautet wie folgt: „Der Erwerb eines Aktienpakets ist grundsätzlich erlaubt. Er dient nicht dazu, sich unter Mißachtung der Chancengleichheit der Anleger einen mißbilligenswerten Vorteil zu verschaffen. Dies ist auch dann nicht der Fall, wenn sich der potentielle Erwerber im Rahmen der Vertragsverhandlungen die Unterlagen des zu veräußernden Unternehmens vorlegen läßt und hierdurch Kenntnis von Insidertatsachen erhält. Etwas anderes gilt allerdings dann, wenn der Paketerwerber in Kenntnis solcher Tatsachen weitere Aktien im börslichen oder außerbörslichen Handel erwirbt."[338] Durch diese Verlautbarungen hat der damalige Gesetzgeber seine Auffassung zum Ausdruck gebracht, dass kein „Ausnutzen" einer Insidertatsache gegeben sei, wenn der Käufer und der Verkäufer eines Aktienpakets Kenntnis von dieser Tatsache hätten. Denn wie bereits an anderer Stelle erläutert, geht es in der zitierten Passage um eine Fallgestaltung, in der sich der Kaufinteressent die Unterlagen der Zielgesellschaft von dem potentiellen Verkäufer des Aktienpakets vorlegen lässt[339]. Sah sich der Gesetzgeber nun aber schon im Hinblick auf § 14 Abs. 1 Nr. 1 a.F. zu derartigen Äußerungen veranlasst, so musste sich ihm die Thematik des außerbörslichen Paketerwerbs bei der Neufassung des § 14 Abs. 1 Nr. 1 durch das AnSVG geradezu aufdrängen. Das gilt insbesondere deshalb, weil das im Zuge der Neufassung an die Stelle des „Ausnutzens" getretene Merkmal der „Verwendung" keine Vorteilserzielungsabsicht mehr voraussetzt. Gleichwohl wurde keine Ausnahme vom Erwerbs- und Veräußerungsverbot für den außerbörslichen Paketerwerb in das Wertpapierhandelsgesetz aufgenommen.

---

337 *Larenz/Canaris*, Methodenlehre der Rechtswissenschaft, S. 194 ff.
338 Begr. RegE 2. FFG, BT-Drucks. 12/6679, S. 47.
339 Vgl. Vierter Teil, B. I.

Die gesetzgeberische Entscheidung, von der Aufnahme einer Ausnahmeregelung für den außerbörslichen Paketerwerb abzusehen, lässt sich auf den objektiven Zweck des § 14 Abs. 1 Nr. 1 zurückführen. Denn von einer Gefährdung der Funktionsfähigkeit der Wertpapiermärkte kann auch dann ausgegangen werden, wenn beide Parteien eines auf Insiderwissen beruhenden Geschäfts den gleichen Kenntnisstand haben. Zwar kann in dieser Konstellation keine der beiden Parteien einen missbilligenswerten Vorteil auf Kosten der jeweils anderen aus einem Wissensvorsprung ziehen. Das für die Funktionsfähigkeit der Wertpapiermärkte essentielle Anlegervertrauen wird durch derartige Geschäfte aber gleichwohl gefährdet[340]. Denn eine auf Insiderwissen beruhende Transaktion ist unabhängig von einem etwaigen Informationsungleichgewicht zwischen den Vertragsparteien geeignet, das Anlegerpublikum an der Integrität der Wertpapiermärkte zweifeln zu lassen[341]. Hintergrund ist dabei weniger ein etwaiges allgemeines Misstrauen des Anlegerpublikums gegenüber Geschäften der „gewöhnlich gut unterrichteten Kreise". Entscheidend ist vielmehr, dass das Anlegervertrauen auch durch auf Insiderwissen beruhende Transaktionen unter Eingeweihten konkret beeinträchtigt werden kann. Zu denken ist etwa an die Konstellation, in der ein Aktionär der Zielgesellschaft, der über eine diese betreffende, wertaufhellende Insiderinformation verfügt, seine Aktien zwei Kaufinteressenten anbietet, von denen einer ebenfalls Kenntnis von der fraglichen Insiderinformation hat: Dem nicht eingeweihten Kaufinteressenten wird die auf der Insiderinformation beruhende Preisvorstellung des Aktionärs unangemessen erscheinen, während der eingeweihte Kaufinteressent zur Zahlung eines deutlich über dem Kurs der Aktien liegenden Kaufpreises bereit sein wird. Kommt es zum Vertragsschluss zwischen dem Aktionär und dem eingeweihten Kaufinteressenten und wird die Insiderinformation später veröffentlicht, so wird dies zu einem Vertrauensverlust bei dem anderen Kaufinteressenten führen, der ein höheres Kaufangebot abgegeben hätte, wenn er Kenntnis von der Insiderinformation gehabt hätte.

Dagegen lässt sich nicht vorbringen, dass der Aktionär die wertaufhellende Insiderinformation im eigenen Interesse stets sämtlichen Kaufinteressenten offenbaren würde. Denn zum einen ist durchaus denkbar, dass der Aktionär einzelne Kaufinteressenten bevorzugt behandelt, beispielsweise aus strategischen Gründen. Zum anderen ist zu beachten, dass einer Weitergabe der Insiderinformation nach der hier befürworteten Sichtweise das insiderrechtliche Weitergabeverbot

---

340 Dies verkennend *Gimnich*, Insiderhandelsverbot, S. 177; *Koch*, Due Diligence, S. 275.
341 Vgl. *Weimann*, DStR 1998, 1556, 1560.

des § 14 Abs. 1 Nr. 2 entgegenstünde. Insoweit gilt das zur Informationsoffenlegung im Rahmen einer Due Diligence Ausgeführte entsprechend[342].

Im Zusammenhang mit dem insiderrechtlichen Weitergabeverbot ergibt sich schließlich noch ein weiteres Argument gegen die hier in Rede stehende teleologische Reduktion des § 14 Abs. 1 Nr. 1 für außerbörsliche Paketerwerbe. So würde diese einen Anreiz dafür schaffen, vor Durchführung einer auf Insiderwissen beruhenden Transaktion sicherzustellen, dass die andere Vertragspartei ebenfalls über die betreffenden Insiderinformationen verfügt[343]. Dies ließe sich im Zweifel nur im Wege einer selektiven Weitergabe der Insiderinformationen erreichen, also durch ein Verhalten, das ausweislich des § 14 Abs. 1 Nr. 2 von der Rechtsordnung missbilligt wird.

2. Öffentliche Übernahmeangebote

Auch im Hinblick auf die „Verwendung" von Insiderinformationen aus einer Due Diligence bei einem öffentlichen Übernahmeangebot wird teilweise eine teleologische Reduktion des § 14 Abs. 1 Nr. 1 befürwortet[344]. Zur Begründung wird auf Erwägungsgrund 29 der Marktmissbrauchsrichtlinie verwiesen, der besagt, dass der „Zugang zu Insider-Informationen über eine andere Gesellschaft und die Verwendung dieser Informationen bei einem öffentlichen Übernahmeangebot mit dem Ziel, die Kontrolle über dieses Unternehmen zu erwerben oder einen Zusammenschluss mit ihm vorzuschlagen, [...] als solche nicht als Insider-Geschäfte gelten" sollten. Angesichts dieses Erwägungsgrundes sei davon auszugehen, dass für die Fallgruppe der öffentlichen Übernahmeangebote insoweit ausschließlich das Übernahmerecht maßgeblich sei[345].

Abgelehnt wird eine derartige teleologische Reduktion des § 14 Abs. 1 Nr. 1 namentlich von der BaFin. Sie führt in ihrem Emittentenleitfaden aus, dass die Abgabe eines öffentlichen Übernahmeangebots, in welchem der Kaufinteressent eine Insiderinformation verwende, erst möglich sei, nachdem die Zielgesellschaft eine entsprechende Ad-hoc-Mitteilung nach § 15 veröffentlicht habe[346]. Diese Ausführungen belegen die ablehnende Haltung der BaFin gegenüber einer

---

342 Vgl. Vierter Teil.
343 Vgl. *Klie*, Zulässigkeit einer Due Diligence, S. 165 f.
344 *Pawlik*, in: KölnKomm-WpHG, § 14 Rn. 30; *Klie*, Zulässigkeit einer Due Diligence, S. 160 f.; *Diekmann/Sustmann*, NZG 2004, 929, 931.
345 *Pawlik*, in: KölnKomm-WpHG, § 14 Rn. 30. Vgl. auch *Fromm-Russenschuck/ Banerjea*, BB 2004, 2425, 2427.
346 BaFin, Emittentenleitfaden (4. Auflage 2013), S. 39.

teleologischen Reduktion. Denn das statuierte Publizitätserfordernis lässt sich nur dahingehend deuten, dass nach Ansicht der BaFin zumindest die für den Erwerbsentschluss ursächlichen Insiderinformationen ihre Eigenschaft als Insiderinformation noch vor Abgabe des Übernahmeangebots verlieren müssen, wenn ein Verstoß gegen § 14 Abs. 1 Nr. 1 vermieden werden soll[347]. Im Hinblick auf Erwägungsgrund 29 der Marktmissbrauchsrichtlinie vertritt die BaFin die Auffassung, dass dieser keine Ausnahmebestimmung für öffentliche Übernahmeangebote beinhalte[348].

Nach der hier vertretenen Auffassung ist eine teleologische Reduktion des § 14 Abs. 1 Nr. 1 für öffentliche Übernahmeangebote abzulehnen. Einer solchen Vorgehensweise steht wiederum entgegen, dass der Gesetzgeber die betreffende Fallgruppe bei der Neufassung des § 14 Abs. 1 Nr. 1 bewusst ungeregelt gelassen hat. Denn in Ansehung des besagten Erwägungsgrundes 29 der Marktmissbrauchsrichtlinie und der Ersetzung des „Ausnutzens" durch das Merkmal der „Verwendung" ist anzunehmen, dass der Gesetzgeber des AnSVG die Fallgruppe der öffentlichen Übernahmeangebote im Lichte des Erwerbs- und Veräußerungsverbots betrachtet hat. Auch der objektive Zweck des § 14 Abs. 1 Nr. 1 streitet gegen eine teleologische Reduktion, da das Anlegervertrauen durch öffentliche Übernahmeangebote, die auf Insiderwissen beruhen, in besonderem Maße gefährdet wird. Die Gefährdung folgt daraus, dass sich ein über Insiderinformationen verfügender Kaufinteressent im Wege eines öffentlichen Übernahmeangebots missbilligenswerte Vorteile auf Kosten der Aktionäre der Zielgesellschaft verschaffen kann, ohne dass dies durch Vorkehrungen des Übernahmerechts verhindert wird[349]. Derartige Vorteile für den Kaufinteressenten ergeben sich namentlich dann, wenn der vereinbarte Kaufpreis zwar den gesetzlich geregelten Mindestpreis nicht unterschreitet, aber unter dem Kurs der Aktien liegt, der sich im Falle des öffentlichen Bekanntwerdens der in Rede stehenden Insiderinformationen bilden würde. Denn in dieser Konstellation stellt sich der vereinbarte Kaufpreis aus Sicht der nicht über die Insiderinformationen verfügenden Aktionäre der Zielgesellschaft attraktiver dar als er tatsächlich ist[350]. Schließlich besteht auch keine gemeinschaftsrechtliche Verpflichtung zur Berücksichtigung von Erwägungsgrund 29

---

347 Vgl. auch *Cascante/Bingel*, NZG 2010, 161, 164 mit Fn. 38.
348 BaFin, Emittentenleitfaden (4. Auflage 2013), S. 39; anders noch BaFin, Entwurf des Emittentenleitfadens (Stand: 22.12.2004), S. 24 („Ausnahmebestimmung für Unternehmensübernahmen").
349 **A.A.** wohl *Cahn*, Der Konzern 2005, 5, 11. Siehe auch *Fromm-Russenschuck/Banerjea*, BB 2004, 2425, 2427.
350 *Hasselbach*, in: KölnKomm-WpÜG, § 35 Rn. 238.

der Marktmissbrauchsrichtlinie, da die dortigen Ausführungen keinen Niederschlag in der Richtlinie gefunden haben[351].

3. Zwischenergebnis

Das Insiderhandelsverbot des § 14 Abs. 1 Nr. 1 ist weder im Hinblick auf außerbörsliche Paketerwerbe noch in Bezug auf öffentliche Übernahmeangebote teleologisch zu reduzieren.

C. Fazit und strafrechtliche Konsequenzen

Haben die vertretungsberechtigten Organmitglieder des Kaufinteressenten im Zuge der Due Diligence Kenntnis von einer Insiderinformation erlangt und erwerben oder veräußern sie anschließend Insiderpapiere, so kann darin ein Verstoß gegen das Erwerbs- und Veräußerungsverbot des § 14 Abs. 1 Nr. 1 zu sehen sein. Ein Verstoß ist gegeben, wenn die Kenntnis von der Insiderinformation ursächlich für den Entschluss zur Vornahme der Transaktion gewesen ist. Das gilt insbesondere auch dann, wenn der Erwerb im Wege eines außerbörslichen Paketerwerbs oder eines öffentlichen Übernahmeangebots erfolgt.

Ein Verstoß der vertretungsberechtigten Organmitglieder des Kaufinteressenten gegen § 14 Abs. 1 Nr. 1 kann als Straftat nach § 38 Abs. 1 Nr. 1 einzuordnen sein. Der nach § 15 StGB grundsätzlich erforderliche Vorsatz wird oftmals vorliegen. Fehlt es einmal am Vorsatz oder ist dieser nicht nachweisbar, so kommt eine leichtfertig begangene Tat nach § 38 Abs. 1 Nr. 1, Abs. 4 in Betracht. Eine Rechtfertigung wird regelmäßig ausscheiden. Insbesondere eine rechtfertigende Einwilligung des jeweiligen Verkäufers der Insiderpapiere scheitert, weil die §§ 38 Abs. 1, 14 Abs. 1 ein Rechtsgut der Allgemeinheit, nämlich die Funktionsfähigkeit der Wertpapiermärkte, schützen[352]. Allerdings können strafrechtliche Konsequenzen für die vertretungsberechtigten Organmitglieder des Kaufinteressenten aufgrund eines unvermeidbaren Verbotsirrtums gem. § 17 Satz 1 StGB ausgeschlossen sein. Ein unvermeidbarer Verbotsirrtum kommt insbesondere dann in Betracht, wenn im Wege des außerbörslichen Paketerwerbs das bereits vor der Due Diligence ins Auge gefasste Aktienpaket erworben wurde und kein Informationsungleichgewicht zwischen Käufer und Verkäufer bestand. Hintergrund ist, dass die BaFin derartige Transaktionen in ihrem Emittentenleitfaden

---

351 **A.A.** wohl *Fromm-Russenschuck/Banerjea*, BB 2004, 2425, 2427.
352 Vgl. Vierter Teil, B. II. 2. e).

als stets zulässig ansieht[353] und damit greifbare Anhaltspunkte für eine unrechtsverneinende Rechtsauskunft gegeben sind[354]. Zu beachten ist jedoch auch an
dieser Stelle, dass die auf eine hypothetische Rechtsauskunft der BaFin gestützte
Unvermeidbarkeit eines etwaigen Verbotsirrtums lediglich einen temporären
Rettungsanker bietet, der mit Wirkung für die Zukunft entfallen würde, wenn
die BaFin den Emittentenleitfaden im Sinne des hier befürworteten Ansatzes
abändern würde.

D. Auswirkungen auf die Transaktionspraxis

Der bereits aufgrund der Risiken für die Mitarbeiter der Zielgesellschaft und die
Berater des Kaufinteressenten zu erwartende Bedeutungsverlust umfassender
Due Diligences bei börsennotierten Zielgesellschaften[355] dürfte durch die den
Entscheidungsträgern des Kaufinteressenten drohenden Konsequenzen weiter
verstärkt werden. Denn angesichts dieser Konsequenzen wird sich der Verzicht
auf eine umfassende Due Diligence für die Entscheidungsträger des Kaufinteressenten typischerweise als einzig sinnvolle Handlungsoption darstellen. So lässt
sich im Falle der Durchführung einer umfassenden Due Diligence weder durch
vertragliche noch durch organisatorische Vorkehrungen wirksam verhindern,
dass die Entscheidungsträger des Kaufinteressenten Kenntnis von Insiderinformationen erlangen[356]. Und die Kenntniserlangung von Insiderinformationen
geht für die Entscheidungsträger mit dem Risiko einher, dass die Kenntnis ursächlich für den späteren Transaktionsentschluss wird, ohne dass sich diesem
Risiko in praxistauglicher Weise begegnen ließe.

Insofern ungeeignet ist aus Sicht der Praxis zunächst ein Abbruch der Trans-
aktion im Falle der Kenntniserlangung von Insiderinformationen im Zuge der
Due Diligence. Zwar würde durch diese Vorgehensweise ein Verstoß gegen § 14
Abs. 1 Nr. 1 ausgeschlossen, da es nicht zu einem Erwerb von Insiderpapie-
ren käme[357]. Angesichts der tatsächlichen Probleme bei der Identifizierung von
Insiderinformationen würde der (vorsorgliche) Abbruch der Transaktion im
Anschluss an die Due Diligence in der Praxis allerdings den Regelfall darstellen.

Eine eigenmächtige Veröffentlichung der im Zuge der Due Diligence erlangten
Insiderinformationen durch den Kaufinteressenten kommt schon aus rechtlichen

---

353   BaFin, Emittentenleitfaden (4. Auflage 2013), S. 38.
354   Vgl. Vierter Teil, C.
355   Vgl. dazu Vierter Teil, D. und Fünfter Teil, C.
356   Vgl. Fünfter Teil, C.
357   Vgl. Sechster Teil, A.

Gründen nicht als Alternative zum Verzicht auf eine umfassende Due Diligence in Betracht. So verbietet § 15 Abs. 2 Satz 1 die Veröffentlichung von Angaben, die die Voraussetzungen des § 15 Abs. 1 offensichtlich nicht erfüllen. Dieses Verbot umfasst auch die Veröffentlichung von Insiderinformationen durch einen Emittenten, den diese Insiderinformationen nicht unmittelbar betreffen[358]. Die im Zuge der Due Diligence erlangten Insiderinformationen werden den Kaufinteressenten in der Regel nicht unmittelbar betreffen, da es sich um Informationen über die Zielgesellschaft handeln wird[359].

Schließlich dürfte es aus Sicht des Kaufinteressenten regelmäßig kaum akzeptabel sein, die Veröffentlichung der im Zuge der Due Diligence erlangten Insiderinformationen durch die Zielgesellschaft abzuwarten oder auf eine solche Veröffentlichung hinzuwirken. Denn selbst wenn die Zielgesellschaft den Erwerbsplan des Kaufinteressenten grundsätzlich unterstützt, können sich bei dieser Vorgehensweise praktische Probleme ergeben. Denkbar ist etwa, dass zwischen Kaufinteressent und Zielgesellschaft eine Kontroverse über das Vorliegen einer Insiderinformation und damit über das Bestehen einer Ad-hoc-Publizitätspflicht der Zielgesellschaft entsteht. Ferner ist zu beachten, dass sich die Zielgesellschaft bezüglich der in Rede stehenden Insiderinformationen gegebenenfalls für eine Selbstbefreiung nach § 15 Abs. 3 entschieden hat, von der sie möglicherweise noch längere Zeit Gebrauch machen möchte.

---

358 *Assmann*, in: Assmann/Schneider, WpHG, § 15 Rn. 203.
359 Vgl. Vierter Teil, A.

Siebter Teil: Zusammenfassung in Thesen

1. Werden Beschäftigten der Zielgesellschaft bei der Zusammenstellung der Unterlagen für den Kaufinteressenten Insiderinformationen zugänglich gemacht, so ist dies in der Regel mit § 14 Abs. 1 Nr. 2 vereinbar. Denn in Anlehnung an § 3 Abs. 8 Satz 2 BDSG ist eine Weitergabe an einen anderen zu verneinen, wenn Insiderinformationen unter Beschäftigten derselben privatrechtlich organisierten Personenvereinigung funktionsbezogen weitergegeben werden.

2. Die Mitarbeiter der Zielgesellschaft werden durch § 14 Abs. 1 Nr. 2 nicht daran gehindert, einen Kaufinteressenten darüber zu unterrichten, dass ihm eine Due Diligence gewährt wurde. Zwar ist die Entscheidung der Zielgesellschaft, einem bestimmten Kaufinteressenten die Durchführung einer Due Diligence zu gestatten, in der Regel als Insiderinformation i.S.v. § 13 Abs. 1 einzuordnen. Die Weitergabe dieser Information an den Kaufinteressenten verstößt hingegen nicht gegen das insiderrechtliche Weitergabeverbot, weil der Kaufinteressent nicht als „anderer" i.S.v. § 14 Abs. 1 Nr. 2 anzusehen ist.

3. Dem Merkmal „unbefugt" kommt im Rahmen des § 14 Abs. 1 Nr. 2 keine tatbestandsbegrenzende Bedeutung zu. Es ist in dieser Vorschrift vielmehr als bloßer Hinweis auf die Möglichkeit einer Rechtfertigung zu verstehen.

4. Geben Mitarbeiter der Zielgesellschaft im Rahmen einer Due Diligence Insiderinformationen an das Due Diligence-Team des Kaufinteressenten weiter, so stellt dies mangels des Eingreifens eines Rechtfertigungsgrundes eine unbefugte Informationsweitergabe dar. Da es sich auch um eine Informationsweitergabe an „andere" handelt, ist ein Verstoß gegen § 14 Abs. 1 Nr. 2 gegeben.

5. Eine im Rahmen der Berichterstattung des Due Diligence-Teams erfolgende Weitergabe von Insiderinformationen durch die externen Berater des Kaufinteressenten ist als unbefugte Informationsweitergabe an „andere" und mithin als Verstoß gegen § 14 Abs. 1 Nr. 2 einzuordnen.

6. Schlagen die Mitglieder des Due Diligence-Teams den Entscheidungsträgern des Kaufinteressenten einen als Share Deal ausgestalteten Kauf der Zielgesellschaft oder einen sonstigen Kauf von Anteilen der Zielgesellschaft vor und beruht dieser Vorschlag auf Insiderwissen, so verstoßen sie gegen § 14 Abs. 1 Nr. 3.

7. Haben die vertretungsberechtigten Organmitglieder des Kaufinteressenten im Zuge der Due Diligence Kenntnis von einer Insiderinformation erlangt und erwerben oder veräußern sie anschließend Insiderpapiere, so kann darin

ein Verstoß gegen das Erwerbs- und Veräußerungsverbot des § 14 Abs. 1 Nr. 1 zu sehen sein. Ein Verstoß ist gegeben, wenn die Kenntnis von der Insiderinformation ursächlich für den Entschluss zur Vornahme der Transaktion gewesen ist. Das gilt insbesondere auch dann, wenn der Erwerb im Wege eines außerbörslichen Paketerwerbs oder eines öffentlichen Übernahmeangebots erfolgt.

Literaturverzeichnis

Achenbach, Hans/Ransiek, Andreas: Handbuch Wirtschaftsstrafrecht, 3. Auflage, Heidelberg 2012 (zit.: Bearbeiter, in: Achenbach/Ransiek, Handbuch Wirtschaftsstrafrecht).

Angersbach, Carsten J.: Due Diligence beim Unternehmenskauf, Baden-Baden 2002.

Arbeitskreis Gesellschaftsrecht: Verbot des Insiderhandelns, Heidelberg 1976.

Assmann, Heinz-Dieter: Prospekthaftung als Haftung für die Verletzung kapitalmarktbezogener Informationsverkehrspflichten nach deutschem und US-amerikanischem Recht, Köln 1985 (zit.: *Assmann*, Prospekthaftung).

– Das künftige deutsche Insiderrecht (I), AG 1994, S. 196–206.

– Das künftige deutsche Insiderrecht (II), AG 1994, S. 237–258.

– Rechtsanwendungsprobleme des Insiderrechts, AG 1997, S. 50–58.

Assmann, Heinz-Dieter/Schneider, Uwe H. (Hrsg.): Wertpapierhandelsgesetz, 3. Auflage, Köln 2003 (zit.: Bearbeiter, in: Assmann/Schneider, WpHG (3. Aufl.)).

– Wertpapierhandelsgesetz, 6. Auflage, Köln 2012 (zit.: Bearbeiter, in: Assmann/ Schneider, WpHG).

Bachmann, Gregor: Kapitalmarktrechtliche Probleme bei der Zusammenführung von Unternehmen, ZHR 172 (2008), S. 597–634.

– Ad-hoc-Publizität nach „Geltl", DB 2012, S. 2206–2211.

Banerjea, Nirmal Robert: Due Diligence beim Erwerb von Aktien über die Börse, ZIP 2003, S. 1730–1738.

Barthel, Carl W.: Unternehmenswert-Ermittlung vs. Due-Diligence-Untersuchung (Teil I), DStZ 1999, S. 73–81.

Baumbach, Adolf/Duden, Konrad/Hopt, Klaus J.: Handelsgesetzbuch, 28. Auflage, München 1989 (zit.: Bearbeiter, in: Baumbach/Duden/Hopt, HGB).

Benner-Heinacher, Jella: Kollidiert die Auskunftspflicht des Vorstands mit dem Insidergesetz?, DB 1995, S. 765–766.

Berens, Wolfgang/Brauner, Hans U./Strauch, Joachim/Knauer, Thorsten (Hrsg.): Due Diligence bei Unternehmensakquisitionen, 7. Auflage, Stuttgart 2013.

Berens, Wolfgang/Strauch, Joachim: Due Diligence bei Unternehmensakquisitionen – eine empirische Untersuchung, Frankfurt/M. 2002.

Bingel, Adrian: Die „Insiderinformation" in zeitlich gestreckten Sachverhalten und die Folgen der jüngsten EuGH-Rechtsprechung für M&A-Transaktionen, AG 2012, S. 685–700.

Böhner, Reinhard: Insiderregeln eine Farce?, WP 1972, S. 233–235.

Bonner Kommentar zum Grundgesetz: Herausgegeben von Rudolf Dolzer, Wolfgang Kahl, Christian Waldhoff und Karin Graßhof, Loseblatt, Stand: Dezember 2013 (zit.: Bearbeiter, in: BK-GG).

Brandi, Tim Oliver/Süßmann, Rainer: Neue Insiderregeln und Ad-hoc-Publizität – Folgen für Ablauf und Gestaltung von M&A-Transaktionen, AG 2004, S. 642–658.

Bremer, Heinz: Die Börsensachverständigenkommission, Berlin 1976.

Bruns, Heiko: Der Wertpapierhandel von Insidern als Regelungsproblem, Frankfurt/M. 1973.

Bürgers, Tobias: Das Anlegerschutzverbesserungsgesetz, BKR 2004, S. 424–432.

Cahn, Andreas: Das neue Insiderrecht, Der Konzern 2005, S. 5–13.

Calliess, Christian/Ruffert, Matthias: EUV/AEUV, 4. Auflage, München 2011 (zit.: Bearbeiter, in: Calliess/Ruffert, EUV/AEUV).

Cascante, Christian/Bingel, Adrian: Insiderhandel – in Zukunft leichter nachweisbar?, NZG 2010, S. 161–165.

Caspari, Karl-Burkhard: Die geplante Insiderregelung in der Praxis, ZGR 1994, S. 530–546.

Claussen, Carsten Peter: Insiderhandelsverbot und Ad hoc-Publizität, Köln 1996.

– Das neue Insiderrecht, DB 1994, S. 27–31.

Diekmann, Hans/Sustmann, Marco: Gesetz zur Verbesserung des Anlegerschutzes (Anlegerschutzverbesserungsgesetz – AnSVG), NZG 2004, S. 929–939.

Dingeldey, Thomas: Insider-Handel und Strafrecht, Köln 1983.

Eggenberger, Jens: Gesellschaftsrechtliche Voraussetzungen und Folgen einer due-diligence Prüfung, Frankfurt/M. 2001 (zit.: *Eggenberger*, due-diligence Prüfung).

Erman, Walter: Bürgerliches Gesetzbuch, Band 1, 13. Auflage, Köln 2011 (zit.: Bearbeiter, in: Erman).

Falkenhausen, Joachim Freiherr von/Widder, Stefan: Die Weitergabe von Insiderinformationen innerhalb einer Rechtsanwalts-, Wirtschaftsprüfer- oder Steuerberatersozietät, BB 2004, S. 165–169.

– Die befugte Weitergabe von Insiderinformationen nach dem AnSVG, BB 2005, S. 225–228.

Fischer, Peter C.: Warum prüft der Verkäufer das eigene Unternehmen?, FAZ v. 15.6.2005, S. 25.

Fischer, Thomas: Strafgesetzbuch mit Nebengesetzen, 61. Auflage, München 2014 (zit.: *Fischer*, StGB).

Fleischer, Holger: Informationsasymmetrie im Vertragsrecht, München 2001.

Fleischer, Holger/Körber, Torsten: Due diligence und Gewährleistung beim Unternehmenskauf, BB 2001, S. 841–849.

Fromm-Russenschuck, Viola/Banerjea, Nirmal Robert: Die Zulässigkeit des Handels mit Insiderpapieren nach Durchführung einer Due Diligence-Prüfung, BB 2004, S. 2425–2428.

Fuchs, Andreas (Hrsg.): Wertpapierhandelsgesetz (WpHG), München 2009 (zit.: Bearbeiter, in: Fuchs, WpHG).

Gehrmann, Philipp: Das Spector-Urteil des EuGH – Zur Beweislastumkehr beim Insiderhandel, ZBB 2010, S. 48–52.

Gimnich, Martin: Insiderhandelsverbot und Unternehmensakquisitionen, Köln 2008 (zit.: *Gimnich*, Insiderhandelsverbot).

Gola, Peter/Schomerus, Rudolf: Bundesdatenschutzgesetz, 11. Auflage, München 2012.

Götz, Jürgen: Die unbefugte Weitergabe von Insidertatsachen, DB 1995, S. 1949–1953.

Götze, Cornelius: Ad-hoc-Publizitätspflicht bei Zulassung einer Due Diligence durch AG-Vorstand?, BB 1998, S. 2326–2330.

Großkommentar HGB: Begründet von Hermann Staub, weitergeführt von Mitgliedern des Reichsgerichts, Band 3 Teil 3, Bankvertragsrecht, 3. Auflage, Berlin 1981 (zit.: Bearbeiter, in: Großkomm.-HGB, Bankvertragsrecht).

Gunßer, Christian: Ad-hoc-Publizität bei Unternehmenskäufen und -übernahmen, Baden-Baden 2008.

Hagemeister, Hans-Otto: Die neue Bundesanstalt für Finanzdienstleistungsaufsicht, WM 2002, S. 1773–1780.

Haouache, Gerhard Gordon: Börsenaufsicht durch Strafrecht, Frankfurt/M. 1996.

Harbarth, Stephan: Ad-hoc-Publizität beim Unternehmenskauf, ZIP 2005, S. 1898–1909.

Harrer, Herbert: Die Bedeutung der Due Diligence bei der Vorbereitung eines Unternehmenskaufs, DStR 1993, S. 1673–1675.

Haßlinger, Nikolaus: Zivilrechtliche Ansprüche gegen Insider, Frankfurt/M. 1978.

Hasselbach, Kai: Die Weitergabe von Insiderinformationen bei M&A-Transaktionen mit börsennotierten Aktiengesellschaften, NZG 2004, S. 1087–1095.

Heider, Karsten/Hirte, Markus: Ad hoc-Publizität bei zeitlich gestreckten Vorgängen, GWR 2012, S. 429–431.

Heinsius, Theodor: Anlageberatung durch Kreditinstitute, ZHR 145 (1981), S. 177–203.

Hemeling, Peter: Gesellschaftsrechtliche Fragen der Due Diligence beim Unternehmenskauf, ZHR 169 (2005), S. 274–294.

Henn, Harry G./Alexander, John R.: Laws of Corporations and Other Business Enterprises, 3. Auflage, St. Paul 1983 (mit 1986 Pocket Part).

Herfs, Achim: Weiter im Blindflug – Zur Ad-hoc-Pflicht bei gestreckten Geschehensabläufen aus Sicht der Praxis, DB 2013, S. 1650–1656.

Hitzer, Martin: Zum Begriff der Insiderinformation, NZG 2012, S. 860–863.

Hölters, Wolfgang (Hrsg.): Handbuch Unternehmenskauf, 7. Auflage, Köln 2010 (zit.: Bearbeiter, in: Hölters, Handbuch Unternehmenskauf).

Holzapfel, Hans-Joachim/Pöllath, Reinhard: Unternehmenskauf in Recht und Praxis, 14. Auflage, Köln 2010.

Hopt, Klaus J.: Der Kapitalanlegerschutz im Recht der Banken, München 1975 (zit.: Hopt, Kapitalanlegerschutz).

– Europäisches und deutsches Insiderrecht, ZGR 1991, S. 17–73.

Hopt, Klaus J./Will, Michael R.: Europäisches Insiderrecht, Stuttgart 1973.

Horn, Norbert: Wertpapiergeschäfte von Innenseitern als Regelungsproblem, ZHR 136 (1972), S. 369–396.

Huber, Ulrich: Die Praxis des Unternehmenskaufs im System des Kaufrechts, AcP 202 (2002), S. 179–242.

Ihrig, Hans-Christoph/Kranz, Christopher: Das Geltl/Daimler-Verfahren in der nächsten Runde – Keine abschließende Weichenstellung des BGH für die Ad-hoc-Publizität bei gestreckten Geschehensabläufen, AG 2013, S. 515–518.

Jakobs, Günther: Strafrecht Allgemeiner Teil, 2. Auflage, Berlin 1991 (zit.: Jakobs, Strafrecht-AT).

Jenckel, Johann Hinrich: Das Insiderproblem im Schnittpunkt von Gesellschafts- und Kapitalmarktrecht in materiell- und kollisionsrechtlicher Sicht, Frankfurt/M. 1980 (zit.: *Jenckel*, Das Insiderproblem).

Jescheck, Hans-Heinrich/Weigend, Thomas: Lehrbuch des Strafrechts Allgemeiner Teil, 5. Auflage, Berlin 1996 (zit.: *Jescheck/Weigend*, Strafrecht-AT).

Joussen, Peter: Auskunftspflicht des Vorstandes nach § 131 AktG und Insiderrecht, DB 1994, S. 2485–2489.

Kaiser, Andreas: Die Sanktionierung von Insiderverstößen und das Problem der Kursmanipulation, WM 1997, S. 1557–1563.

Kiethe, Kurt: Vorstandshaftung aufgrund fehlerhafter Due Diligence beim Unternehmenskauf, NZG 1999, S. 976–983.

Klie, Marcus Andreas: Die Zulässigkeit einer Due Diligence im Rahmen des Erwerbs von börsennotierten Gesellschaften nach Inkrafttreten des Anlegerschutzverbesserungsgesetzes (AnSVG), Frankfurt/M. 2008 (zit.: *Klie*, Zulässigkeit einer Due Diligence).

Klöhn, Lars: The European Insider Trading Regulation after Spector Photo Group, ECFR 2010, S. 347–366.

– Der „gestreckte Geschehensablauf" vor dem EuGH, NZG 2011, S. 166–171.

– Das deutsche und europäische Insiderrecht nach dem Geltl-Urteil des EuGH, ZIP 2012, S. 1885–1895.

Koch, Thomas: Due Diligence und Beteiligungserwerb aus Sicht des Insiderrechts, Baden-Baden 2006 (zit.: *Koch*, Due Diligence).

Koch, Wolfgang: Praktiker-Handbuch Due Diligence, 3. Auflage, Stuttgart 2011.

Kocher, Dirk/Widder, Stefan: Die Bedeutung von Zwischenschritten bei der Definition von Insiderinformationen, BB 2012, S. 2837–2841.

Kölner Kommentar zum WpHG: Herausgegeben von Heribert Hirte und Thomas M.J. Möllers, Köln 2007 (zit.: Bearbeiter, in: KölnKomm-WpHG).

Kölner Kommentar zum WpÜG: Herausgegeben von Heribert Hirte und Christoph von Bülow, 2. Auflage, Köln 2010 (zit.: Bearbeiter, in: KölnKomm-WpÜG).

Körber, Torsten: Geschäftsleitung der Zielgesellschaft und due diligence bei Paketerwerb und Unternehmenskauf, NZG 2002, S. 263–272.

Krauel, Wolfgang: Insiderhandel, Baden-Baden 2000.

Krüger, Dirk/Kalbfleisch, Eberhard: Due Diligence bei Kauf und Verkauf von Unternehmen – Rechtliche und steuerliche Aspekte der Vorprüfung beim Unternehmenskauf, DStR 1999, S. 174–180.

Kümpel, Siegfried: Bank- und Kapitalmarktrecht, 3. Auflage, Köln 2004.

Kümpel, Siegfried/Veil, Rüdiger: Wertpapierhandelsgesetz, 2. Auflage, Berlin 2006 (zit.: *Kümpel/Veil*, WpHG).

Kümpel, Siegfried/Wittig, Arne: Bank- und Kapitalmarktrecht, 4. Auflage, Köln 2011 (zit.: Bearbeiter, in: Kümpel/Wittig, Bank- und Kapitalmarktrecht).

Kuthe, Thorsten: Änderungen des Kapitalmarktrechts durch das Anlegerschutzverbesserungsgesetz, ZIP 2004, S. 883–888.

Lackner, Karl/Kühl, Kristian: Strafgesetzbuch Kommentar, 27. Auflage, München 2011 (zit.: Bearbeiter, in: Lackner/Kühl, StGB).

Larenz, Karl/Canaris, Claus-Wilhelm: Methodenlehre der Rechtswissenschaft, 3. Auflage, Berlin 1995.

Larisch, Tobias: Gewährleistungshaftung beim Unternehmens- und Beteiligungskauf, Köln 2004.

Leistner, Georg: Das Insiderrecht in der Bundesrepublik – Ein Schlag ins Wasser!, ZRP 1973, S. 201–208.

Lenenbach, Markus: Kapitalmarktrecht und kapitalmarktrelevantes Gesellschaftsrecht, 2. Auflage, Köln 2010 (zit.: *Lenenbach*, Kapitalmarktrecht).

Liekefett, Kai Haakon: Due Diligence bei M&A-Transaktionen, Berlin 2005.

Loges, Rainer: Der Einfluß der „Due Diligence" auf die Rechtsstellung des Käufers eines Unternehmens, DB 1997, S. 965–969.

Lücker, Volker: Der Straftatbestand des Mißbrauchs von Insiderinformationen nach dem Wertpapierhandelsgesetz (WpHG), Köln 1998 (zit.: *Lücker*, Straftatbestand).

Marauhn, Thilo/Grote, Rainer: EMRK/GG, Konkordanzkommentar zum europäischen und deutschen Grundrechtsschutz, Tübingen 2006 (zit.: Bearbeiter, in: EMRK/GG).

Marten, Kai-Uwe/Köhler, Annette G.: Due Diligence in Deutschland – Eine empirische Untersuchung, FB 1999, S. 337–348.

Mennicke, Petra R.: Sanktionen gegen Insiderhandel, Berlin 1996.

– Ad-hoc-Publizität bei gestreckten Entscheidungsprozessen und die Notwendigkeit einer Befreiungsentscheidung des Emittenten, NZG 2009, S. 1059–1063.

Merkt, Hanno: Rechtliche Bedeutung der „due diligence" beim Unternehmenskauf, WiB 1996, S. 145–150.

– Due Diligence und Gewährleistung beim Unternehmenskauf, BB 1995, S. 1041–1048.

– Grundsatz- und Praxisprobleme der Amerikanisierungstendenzen im Recht des Unternehmenskaufs, in: Festschrift für Otto Sandrock zum 70. Geburtstag, Heidelberg 2000, S. 657–688.

– US-amerikanisches Gesellschaftsrecht, 3. Auflage, Frankfurt/M. 2013.

Mertens, Hans-Joachim: Insiderproblem und Rechtspolitik, ZHR 138 (1974), S. 269–277.

Mock, Sebastian: Gestreckte Verfahrensabläufe im Europäischen Insiderhandelsrecht, ZBB 2012, S. 286–292.

Moxter, Adolf: Grundsätze ordnungsmäßiger Unternehmensbewertung, 2. Auflage, Wiesbaden 1983.

Münch, Ingo von/Kunig, Philip: Grundgesetz-Kommentar, Band 2, 6. Auflage, München 2012 (zit.: Bearbeiter, in: v. Münch/Kunig, GG).

Münchener Kommentar zum Aktiengesetz: Herausgegeben von Wulf Goette und Mathias Habersack; Band 3, 3. Auflage, München 2013; Band 6, 3. Auflage, München 2011 (zit.: Bearbeiter, in: MünchKomm-AktG).

Münchener Kommentar zum Bürgerlichen Gesetzbuch: Herausgegeben von Franz Jürgen Säcker und Roland Rixecker, Band 3, 6. Auflage, München 2012 (zit.: Bearbeiter, in: MünchKomm-BGB).

Münchener Kommentar zum Strafgesetzbuch: Herausgegeben von Wolfgang Joecks und Klaus Miebach, Band 1, 2. Auflage, München 2011 (zit.: Bearbeiter, in: MünchKomm-StGB).

Palandt, Otto: Bürgerliches Gesetzbuch, 73. Auflage, München 2014 (zit.: Bearbeiter, in: Palandt).

Park, Tido (Hrsg.): Kapitalmarktstrafrecht, 3. Auflage, Baden-Baden 2013 (zit.: Bearbeiter, in: Park, Kapitalmarktstrafrecht).

Parmentier, Miriam: Ad-hoc-Publizität bei Börsengang und Aktienplatzierung, NZG 2007, S. 407–416.

Peters, Peter A.: Das deutsche Insiderstrafrecht unter Berücksichtigung strafrechtlicher Konsequenzen für Kreditinstitute und prozessualer Durchsetzung, Frankfurt/M. 1997 (zit.: *Peters*, Das deutsche Insiderstrafrecht).

Picot, Gerhard (Hrsg.): Unternehmenskauf und Restrukturierung, 4. Auflage, München 2013 (zit.: Bearbeiter, in: Picot, Unternehmenskauf und Restrukturierung).

Piltz, Detlev J.: Die Unternehmensbewertung in der Rechtsprechung, 3. Auflage, Düsseldorf 1994.

Pollanz, Manfred: Due Diligence als künftiges Instrument einer risikoorientierten Abschlußprüfung?, BB 1997, S. 1351–1356.

Rodewald, Jörg/Tüxen, Andreas: Neuregelung des Insiderrechts nach dem Anlegerschutzverbesserungsgesetz (AnSVG) – Neue Organisationsanforderungen für Emittenten und ihre Berater, BB 2004, S. 2249–2252.

Rothenfußer, Christoph/Nikoleyczik, Tobias: Anmerkung zum Beschluss des OLG Stuttgart vom 22.04.2009 – 20 Kap 1/08, EWiR 2009, S. 427–428.

Samm, Carl-Theodor: Börsenrecht, Stuttgart 1978.

Schäfer, Frank A./Hamann, Uwe: Kapitalmarktgesetze Kommentar, Loseblatt, Stand: Januar 2006 (zit.: Bearbeiter, in: Schäfer/Hamann, Kapitalmarktgesetze).

Schall, Alexander: Insiderinformation und zivilrechtliche Aufklärungspflicht – Das Leitbild des Individualvertrags als neue Perspektive, JZ 2010, S. 392–397.

– Anmerkung zum Urteil des EuGH vom 28.06.2012 – Rs. C-19/11, ZIP 2012, S. 1286–1288.

Schimansky, Herbert/Bunte, Hermann-Josef/Lwowski, Hans-Jürgen (Hrsg.): Bankrechts-Handbuch, Band 2, 4. Auflage, München 2011 (zit.: Bearbeiter, in: Bankrechts-Handbuch).

Schlitt, Michael/Schäfer, Susanne: Quick to Market – Aktuelle Rechtsfragen im Zusammenhang mit Block-Trade-Transaktionen, AG 2004, S. 346–358.

Schmidt-Diemitz, Rolf: Pakethandel und das Weitergabeverbot von Insiderwissen, DB 1996, S. 1809–1813.

Schneider, Ingo: Unternehmenserwerb mit Informationen aus einer Due Diligence kein strafbarer Insiderhandel, DB 2005, S. 2678–2681.

Schneider, Sven H.: Selbstbefreiung von der Pflicht zur Ad-hoc-Publizität, BB 2005, S. 897–902.

Schönke, Adolf/Schröder, Horst: Strafgesetzbuch Kommentar, 28. Auflage, München 2010 (zit.: Bearbeiter, in: Schönke/Schröder, StGB).

Schroeder, Ulrich: Darf der Vorstand der Aktiengesellschaft dem Aktienkäufer eine Due Diligence gestatten?, DB 1997, S. 2161–2166.

Schulz, Stephan: Das Insiderhandelsverbot nach § 14 Abs. 1 Nr. 1 WpHG im Lichte der Spector-Rechtsprechung des EuGH, ZIP 2010, S. 609–613.

Schwark, Eberhard: Insider-Geschäfte auf dem Wertpapiermarkt, DB 1971, S. 1605–1609.

– Börsengesetz, München 1976.

– Kapitalmarktrechts-Kommentar, 3. Auflage, München 2004 (zit.: Bearbeiter, in: Schwark, KMRK).

Schwark, Eberhard/Zimmer, Daniel (Hrsg.): Kapitalmarktrechts-Kommentar, 4. Auflage, München 2010 (zit.: Bearbeiter, in: Schwark/Zimmer, KMRK).

Scott, Cornelia (Hrsg.): Due Diligence in der Praxis, Wiesbaden 2001.

Semler, Johannes/Volhard, Rüdiger (Hrsg.): Arbeitshandbuch für Unternehmensübernahmen, Band 1, München 2001.

Sethe, Rolf: Die Verschärfung des insiderrechtlichen Weitergabeverbots, ZBB 2006, S. 243–257.

Simitis, Spiros (Hrsg.): Bundesdatenschutzgesetz, 7. Auflage, Baden-Baden 2011 (zit.: Bearbeiter, in: Simitis, Bundesdatenschutzgesetz).

Simon, Stefan: Die neue Ad-hoc-Publizität, Der Konzern 2005, S. 13–22.

Singhof, Bernd: Zur Weitergabe von Insiderinformationen im Unterordnungskonzern, ZGR 2001, S. 146–174.

Soesters, Frank: Die Insiderhandelsverbote des Wertpapierhandelsgesetzes, Frankfurt/M. 2002 (zit.: *Soesters*, Insiderhandelsverbote).

Spill, Joachim: Due Diligence – Praxishinweise zur Planung, Durchführung und Berichterstattung, DStR 1999, S. 1786–1792.

Spindler, Gerald: Kapitalmarktreform in Permanenz – Das Anlegerschutzverbesserungsgesetz, NJW 2004, S. 3449–3455.

Spindler, Gerald/Stilz, Eberhard: Kommentar zum Aktiengesetz, Band 2, 2. Auflage, München 2010 (zit.: Bearbeiter, in: Spindler/Stilz, AktG).

Stebut, Dietrich von: Gesetzliche Vorschriften gegen den Mißbrauch von Insiderinformationen, DB 1974, S. 613–619.

Steinhauer, Carsten: Insiderhandelsverbot und Ad-hoc-Publizität, Baden-Baden 1999.

Strafgesetzbuch Leipziger Kommentar: Herausgegeben von Heinrich Wilhelm Laufhütte, Ruth Rissing-van Saan und Klaus Tiedemann; Band 1, 12. Auflage, Berlin 2007; Band 6, 12. Auflage, Berlin 2010 (zit.: Bearbeiter, in: LK-StGB).

Streinz, Rudolf: Europarecht, 9. Auflage, Heidelberg 2012.

Süchting, Joachim: Finanzmanagement, 6. Auflage, Wiesbaden 1995.

Süßmann, Rainer: Die befugte Weitergabe von Insidertatsachen, AG 1999, S. 162–173.

Systematischer Kommentar zum Strafgesetzbuch: Herausgegeben von Jürgen Wolter, Loseblatt, Stand: Oktober 2013 (zit.: Bearbeiter, in: SK-StGB).

Treeck, Joachim: Die Offenbarung von Unternehmensgeheimnissen durch den Vorstand einer Aktiengesellschaft im Rahmen einer Due Diligence, in: Festschrift für Wolfgang Fikentscher zum 70. Geburtstag, Tübingen 1998, S. 434–455.

Ulsenheimer, Klaus: Zur Strafbarkeit des Mißbrauchs von Insider-Informationen, NJW 1975, S. 1999–2005.

Veil, Rüdiger (Hrsg.): Europäisches Kapitalmarktrecht, Tübingen 2011 (zit.: Bearbeiter, in: Veil, Europäisches Kapitalmarktrecht).

Voss, Jürgen: Das US-amerikanische Insiderkonzept, Köln 1984.

Weber, Ulf Andreas: Das neue deutsche Insiderrecht, BB 1995, S. 157–166.

Wegen, Gerhard: Due Diligence-Checkliste für den Erwerb einer deutschen Gesellschaft, WiB 1994, S. 291–296.

Weimann, Stephan: Insiderrechtliche Aspekte des Anteilserwerbs, DStR 1998, S. 1556–1561.

Weinmann, Günther: Gesetzgeberische Maßnahmen zur Bekämpfung der Wirtschaftskriminalität: Besteht nach dem 1. und 2. WiKG ein weiterer Regelungsbedarf?, in: Festschrift für Gerd Pfeiffer zum Abschied aus dem Amt als Präsident des Bundesgerichtshofes, Köln 1988, S. 87–100.

Widder, Stefan: Vorsorgliche Ad-hoc-Meldungen und vorsorgliche Selbstbefreiungen nach § 15 Abs. 3 WpHG, DB 2008, S. 1480–1483.

– Insiderrisiken und Insider-Compliance bei Aktienoptionsprogrammen für Führungskräfte, WM 2010, S. 1882–1890.

Wilsing, Hans-Ulrich/Goslar, Sebastian: Ad-hoc-Publizität bei gestreckten Sachverhalten – Die Entscheidung des EuGH vom 28.6.2012, C-19/11, „Geltl", DStR 2012, S. 1709–1713.

Wojtek, Ralf J.: Insider Trading im deutschen und amerikanischen Recht, Berlin 1978.

Ziemons, Hildegard: Die Weitergabe von Unternehmensinterna an Dritte durch den Vorstand einer Aktiengesellschaft, AG 1999, S. 492–500.

– Neuerungen im Insiderrecht und bei der Ad-hoc-Publizität durch die Marktmissbrauchsrichtlinie und das Gesetz zur Verbesserung des Anlegerschutzes, NZG 2004, S. 537–543.